Liebe BIENEN

Wir helfen euch!

DAS KUNTERBUNTE
FAMILIEN-
BIENENRETTER-BUCH

MACHT MIT!

Im Buch findest du viele tolle Bienenretter-Projekte, die du mit deiner Familie oder deinen Freunden in die Tat umsetzen kannst. Je mehr mitmachen, umso besser!

54 Hobies SPANNENDES LEBEN im BIENENSTOCK

94 IMKERN ist toll!

Hi! Ich bin Wildbiene Wilbie, Hobies Freundin. Wir haben uns beim Pollensammeln kennengelernt. Cool, dass du uns helfen möchtest!
Wilbie
Huhu, ich bin Hobie! Ich lebe zusammen mit vielen anderen Honigbienen im Bienenstock. Das ist ganz schön anstrengend ... Wir können wirklich jede Hilfe gebrauchen! Danke!!!
Hobie

HALLO, ICH BIN ANJA!

Ich bin leidenschaftliche Imkerin und Gärtnerin in meinem „kleinen Horrorgarten". Er ist wild und bunt. Viele Blumen wachsen darin, aber auch Gemüse, Obst und Kräuter. Vor 5 Jahren sind 2 Bienenvölker bei mir eingezogen und sie begeistern mich jeden Tag aufs Neue. Bienen sind wahnsinnig faszinierend! Komm mit, ich zeig dir die spannende Welt von Hobie und Wilbie!

Wenn du noch mehr über Anja erfahren möchtest, schau doch mal auf ihrem Blog vorbei: https://der-kleine-horror-garten.de

KOMM, ICH STELL DIR die Bienen VOR!

Die Welt der Bienen ist bunt und superspannend! Im ersten Kapitel erzähle ich dir, wie Bienen aussehen, wie sich Wildbienen und Honigbienen unterscheiden, warum Bienen unsere Hilfe brauchen und womit wir sie richtig glücklich machen können.

OHNE BIENEN ist alles doof!

Bienen sind für uns Menschen superwichtig! Sie schenken uns nicht nur Wachs und Honig. Sie bestäuben auch 80 Prozent unserer Nutzpflanzen und sorgen so dafür, dass wir Obst und Gemüse essen können. Ohne Bienen gäbe es früher oder später viele Pflanzen nicht mehr. Deshalb brauchen die Bienen ganz dringend unsere Hilfe! Hilfst du mit?

BIENEN BESTÄUBEN UNSERE PFLANZEN

Um Futter für sich und den Nachwuchs zu beschaffen, fliegen Bienen von Blüte zu Blüte und sammeln Pollen und Nektar. Dabei bleiben einige Pollen in ihren kleinen Härchen hängen. Wenn die Biene dann zur nächsten Blüte fliegt, bleiben dort ein paar Pollen kleben. So wird die Blüte bestäubt und kann Früchte bilden. Zum Beispiel bei einer Tomatenpflanze eine Tomate oder bei einem Birnbaum eine Birne. Aus den Samen, die die Früchte in sich tragen, entstehen dann wieder neue Pflanzen. Ohne Bienen gäbe es also keine Früchte und keine neuen Pflanzen. Das wäre schlimm, oder?

Vollgepackt mit Pollen macht sich die Biene auf den Weg zur nächsten Blüte.

WAS ZU FUTTERN UND EIN DACH ÜBERM KOPF

Leider ist es so, dass es immer weniger Bienen gibt. Vielleicht hast du ja auch schon mal etwas über das „Bienensterben" gehört. Es gibt mehrere Gründe, warum es die Bienen heute so schwer haben. Ein Grund ist, dass sie immer weniger zu essen und weniger Platz zum Wohnen finden.

Je vielfältiger und abwechslungsreicher Wälder, Felder und Gärten bewachsen sind, desto eher finden Bienen das, was sie brauchen. Leider hat sich unsere Landschaft in den letzten Jahrzehnten sehr verändert. An die Stelle von vielen kleinen Feldern mit bunten Wildblumen und Hecken dazwischen sind riesige, nahtlos ineinander übergehende Felder getreten. In unseren Wäldern wachsen nur noch wenige Baumarten. Alte Äste und morsches Holz werden sofort weggeräumt. Gärten verwandeln sich immer öfter in Steinwüsten. Wo sollen Bienen denn da wohnen? Wo sollen sie etwas zu Essen finden?

Große Felder lassen sich zwar mit den großen modernen Traktoren besser bearbeiten. Wohnraum und Nahrung für Wildbienen sind dort aber knapp. Vor der Aussaat werden die Felder in der Regel mit Pflanzenschutzmitteln behandelt. Das Unkraut soll weg, damit die Frucht später den Platz zum Wachsen nicht teilen muss. So sieht es der Bauer – klar, er lebt ja von der Ernte.

Für Wildbienen ist vieles, was da weggespritzt wird, allerdings kein Unkraut. Es ist feinstes, abwechslungsreiches Futter. Aber statt einem gefüllten Teller bekommen sie eine Giftdusche verabreicht. Und kaum haben sie sich eine gemütliche Erdwohnung eingerichtet, kommt der Traktor und pflügt sie schon wieder um.

Landwirtschaft ist wichtig. Sie versorgt uns mit Nahrungsmitteln. Ohne Bauern gibt es kein Gemüse und kein Obst. Aber in ihrer heutigen Form sorgt sie leider auch dafür, dass es immer weniger Bienen und andere Insekten gibt.

JE NATÜRLICHER, DESTO BESSER

Nicht nur für die Bienen wäre es besser, wenn alle Felder natürlich bewirtschaftet würden. Wenn die Wildblumen wieder sprießen und Wildobsthecken die Felder einrahmen dürften. Wenn Wälder wieder zu ein bisschen unordentlichen Urwäldern werden dürften und leblose Steingärten in bunte Blumenparadiese verwandelt würden.

Auf bunten Blumenwiesen findet jede Biene ihr Lieblingsfutter!

Helft bitte alle mit!

Eine neue Form der Landwirtschaft, das schreibt sich leichter, als es ist. Und es braucht Zeit. Zeit, die unsere Bienen nicht mehr haben. Deshalb packt bitte selbst mit an! Jeder von uns kann nämlich etwas tun, um den Bienen zu helfen. Jedes kleine Fleckchen mit Nahrung und Wohnraum hilft. Dafür braucht ihr keinen Garten. Ein Balkon reicht aus oder eine Fensterbank, sogar ein Blumentopf.

Also: Aktiviere deine Eltern, Geschwister, Oma und Opa, Tanten und Onkels, Nachbarn und Freunde und kämpft gemeinsam für eure neuen tierischen Freunde! Denn, wie gesagt: Ohne Bienen ist alles doof!

MACHT MIT!

COOLES T-SHIRT für Bienenretter

Mit diesem tollen Shirt zeigst du allen, dass du Mitglied im Bienen-Fanclub bist! Vielleicht bekommen dadurch auch deine Freunde Lust, etwas für die Bienen zu tun und dich zu unterstützen. Je mehr mitmachen, umso besser!

DAS BRAUCHST DU

- Transferfolie für Textilien
- Schere
- Backpapier
- weißes T-Shirt in deiner Größe
- Bügeleisen

Mit Transferfolie (Bügelfolie) kannst du dir ganz einfach dein eigenes T-Shirt gestalten, das sonst garantiert keiner hat! Die Folie bekommst du in Bastelläden, Läden für Bürobedarf oder im Internet.

SO GEHT'S!

COOLES T-SHIRT für Bienenretter

Das Hobie-Motiv kannst du dir aus dem Internet herunterladen. Dafür benötigst du einen PC mit Internetzugang und den Adobe Acrobat Reader. Gib einfach den folgenden Link in die Adresszeile oben in deinem Browser (nicht ins Suchfeld der Suchmaschine) ein: http://more4u.online/rq9
Wenn ihr ein Smartphone mit einem QR-Code-Scanner habt, könnt ihr alternativ auch einfach den QR-Code unten auf Seite 13 einscannen und die Vorlage herunterladen. Wenn ihr einen Farbdrucker zu Hause habt, legt dann einfach die Transferfolie nach Anweisung in den Drucker und druckt das Motiv darauf. Andernfalls lasst euch die Vorlage in einem Copy-Shop auf die Folie drucken. Dann kann es losgehen!

1

Schneide das Motiv aus der Folie heraus. Lass dabei ringsherum einen schmalen Rand stehen.

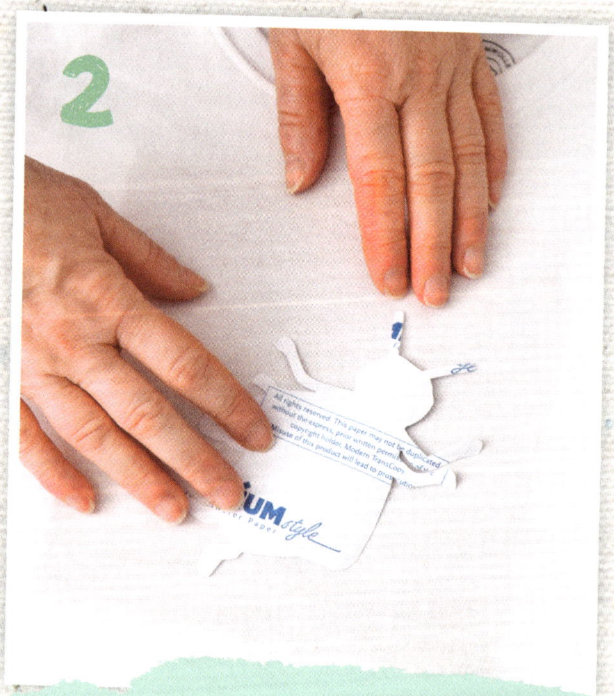

2

Leg das T-Shirt auf einen harten, hitzebeständigen Untergrund. Schiebe dann ein Stück Backpapier zwischen die Vorder- und die Rückseite des T-Shirts. Leg das Motiv mit der schönen Seite nach unten auf das T-Shirt und ein Stück Backpapier darauf.

Lass das Bügeln bitte einen Erwachsenen machen!

Nun wird gebügelt! Stellt dafür das Bügeleisen auf die heißeste Stufe (ohne Dampf!) und bügelt ein paar Minuten mit Druck über das Motiv (wie lange, steht in der Packungsanleitung von der Folie). Lasst das Bügeleisen dabei nicht zu lange auf einer Stelle, sondern bewegt es gleichmäßig über das Motiv.

Nun nimmst du das Backpapier herunter und wartest ein paar Minuten, bis die Folie abgekühlt ist. Zieh die Folie dann zunächst vorsichtig an einer Ecke ab: Wenn sie sich nicht richtig löst, müsst ihr den Bügelvorgang noch einmal wiederholen. Ansonsten ziehst du die Folie langsam komplett ab. Und schon lächelt dich Hobie an! Süß, nicht?

Damit Hobie nicht so schnell verblasst, solltet ihr das T-Shirt immer auf links gedreht bei maximal 30 °C waschen.

WER summt DENN DA?

Es ist gar nicht so einfach, die einzelnen Mitglieder der großen Bienenfamilie und ihrer Verwandtschaft auseinanderzuhalten. Bienen und Wespen kann man noch recht gut unterscheiden. Hummeln sind auch leicht zu erkennen, so niedlich pummelig, wie sie sind. Ob es sich um eine Honig- oder Wildbiene handelt, ist schon viel schwieriger zu sehen. Und die einzelnen Bienenrassen können wirklich nur echte Bienen-Experten unterscheiden. Komm, wir versuchen es mal!

HOBIE UND IHRE VERWANDTEN

Hobie hast du ja auf Seite 4 schon kurz kennengelernt. Sie ist eine Honigbiene. Es gibt weltweit 9 Arten von Honigbienen. Hier bei uns summt nur die westliche Honigbiene (Apis mellifera) durch die Lüfte. Von ihr gibt es etwa 25 Unterarten, auch Bienenrassen genannt. Honigbienen leben in riesigen Völkern, meist im Bienenstock bei einem Imker oder einer Imkerin. Sie sammeln Nektar und machen daraus Honig, mit dem sie sich und ihren Nachwuchs ernähren. Ab Seite 54 erzähle ich dir mehr über die Honigbienen!

LOKALE HONIG-HELDEN

Viele Imker sind Fans von einer bestimmten Bienenrasse. Sie lassen, ähnlich wie Fußball-Fans, nur ihre Mannschaft gelten. Statt Bayern in Rot und Dortmund in Gelb treten dann „Carnica“ im dezent braun-beige geringelten Trikot gegen die etwas auffälligere „Buckfast“ mit den 2 orangenen Ringen an. Und am Ende gewinnt vielleicht der Außenseiter „Apis mellifera mellifera“, die dunkle europäische Biene, den Pokal. Sie hätte es auf jeden Fall verdient, sie ist nämlich leider zunehmend vom Aussterben bedroht.

Aber warum hat ein Imker überhaupt eine „Bienen-Lieblingsmannschaft“? Ganz einfach: So unterschiedlich die Spieler einer Fußballmannschaft sind, so unterschiedlich sind auch die Bienenrassen: aggressiv oder friedlich, robust oder kränklich, fleißig oder etwas gemütlicher. Jeder Imker sucht sich daher die Bienenrasse, die am besten zu ihm passt.

BIENE ODER WESPE?

Bienen und Wespen kannst du eigentlich ganz leicht auseinanderhalten. Wespen haben gelb-schwarze Streifen, Bienen sind eher bräunlich und behaart. Wespen haben außerdem eine schmale „Wespentaille“. Hobie ist darauf manchmal etwas neidisch. Sie ist wie alle Bienen nämlich deutlich rundlicher um die Hüften. Aber eigentlich fühlt sie sich sauwohl so, wie sie ist. Gut so, Hobie!

HONIGBIENENRASSEN

Die Buckfast-Biene erkennst du an den orangefarbenen Ringen. Sie hat ein freundliches und sanftmütiges Wesen und schenkt dem Imker viel Honig.

Die Carnica ist mit ihrer gräulich-braunen Behaarung etwas unscheinbarer. Dafür ist sie aber ein sehr friedlicher Typ und wird selten krank.

Das Besondere an Apis mellifera mellifera ist ihre dunkle Farbe. Sie ist sehr robust und kommt auch im Winter ohne Schal und Mütze aus.

HOBIES WILDE FREUNDE

Wilbies Wildbienenfamilie ist um einiges größer und vielfältiger als Hobies Familie. Mehr als 550 Wildbienenarten sind allein in Deutschland unterwegs. Die dicken Hummeln gehören dazu, die Mauerbienen mit den orangeroten Popos, die winzig kleinen Sand-Steppenbienen, die großen blauschillernden Holzbienen und viele mehr. Ab Seite 38 erzähle ich dir mehr über die Wildbienen!

Der größte Unterschied zu den Honigbienen ist, dass Wildbienen keinen Honig herstellen. Sie sammeln zwar wie die Honigbienen Pollen und Nektar, aber nur, um ihren Nachwuchs damit zu versorgen. Außerdem nisten sie in der Natur und leben nicht in einem Volk im Bienenstock – echte Einzelgänger eben.

SCHAU MAL AUF SEITE 42/43 – DORT LERNST DU EIN PAAR MITGLIEDER VON WILBIES WILDBIENENFAMILIE NÄHER KENNEN!

Und noch einen wichtigen Unterschied gibt es: Die meisten Wildbienen stechen nicht. Sie können es gar nicht. Ihr Stachel ist zu weich, um die menschliche Haut zu durchdringen. Aber selbst wenn sie, wie zum Beispiel die Hummeln, stechen können, tun sie es in der Regel nicht und ähneln darin dann doch wieder den Honigbienen. Denn auch Honigbienen stechen nur, wenn sie sich bedroht fühlen. Schließlich verlieren sie bei einem Stich ihr Leben. Wer will das schon?

Bienen haben COOLE BODYS!

Honig- und Wildbienen gehören zur großen Familie der Insekten. Wie bei allen Insekten ist ihr Körper in 3 Abschnitte eingeteilt: Kopf, Brust und Hinterleib. Es ist echt spannend, sich genauer mit der Anatomie zu beschäftigen, denn vieles ist ganz anders als bei uns Menschen. Aber sieh selbst!

AUGEN

Bienen haben 5 Augen! Zwei große Facettenaugen an der Seite und 3 kleine Punktaugen auf der Stirn. Mit den Punktaugen kann die Biene hell und dunkel unterscheiden. Die Facettenaugen bestehen aus vielen Tausend sechseckigen Einzelaugen. Bei der Arbeiterin sind es etwa 4.000–5.000, bei der Königin 3.000–4.000 und beim Drohn 7.000–8.000. Mit ihnen hat die Biene einen super Rundumblick.

FÜHLER

Bienen haben keine Nase so wie wir. Sie riechen mit den Fühlern! Die Fühler sind mit kleinen Poren übersät, die Duftstoffe aufnehmen. Damit können sie sogar erkennen, aus welcher Richtung ein Geruch kommt. Die Fühler dienen außerdem zum Tasten und Schmecken.

MUND

Der Mund besteht aus einem Paar zangenartiger scharfer Mundwerkzeuge, den Mandibeln, und einem Saugrüssel. Mit dem Rüssel sammelt die Biene Nektar und Pollen.

VORDERBEINE

Mit dem vorderen Beinpaar macht sich die Biene hübsch – es dient zum Putzen der Fühler und Augen. An der Ferse gibt es eine extra Einkerbung, die sogenannte Putzscharte. Praktisch, wenn man sein Putzzeug immer zur Hand hat, findest du nicht?

UND WIE SIEHT'S INNEN AUS?

Du hast bestimmt schon einmal gehört, dass wir Menschen im Innern unseres Körpers ein Skelett haben. Dieses besteht aus über 200 Knochen! Das Skelett stützt unseren Körper von innen und die Knochen schützen unsere Organe. Bei Bienen, und allen anderen Insekten, ist das anders. Ihr Skelett befindet sich außen am Körper und besteht nicht aus Knochen, sondern aus einer Panzerhülle. Darauf befinden sich viele kleine „Härchen". An diesen bleiben beim Besuch der Blüten die Pollen hängen.

Bienen und andere Insekten haben keine Blutadern, das Blut fließt zwischen den Organen frei im Körper herum.

Bienen haben auch keine Lunge, sondern Tracheen. Das sind feine Röhrchen. Sie atmen nicht durch den Mund. Auf ihrer Körperoberfläche befinden sich fürs Atmen kleine Löcher, über die Luft in die Tracheen und damit zu den Organen gelangt.

FLÜGEL

Die Biene hat insgesamt 4 Flügel: 2 große Vorderflügel und dahinter 2 kleinere. Die Vorder- und Hinterflügel verhakt sie beim Fliegen miteinander, um eine größere Oberfläche zu haben. Raffiniert, nicht?

STACHEL

Nur Bienen-Mädels haben einen Stachel! Männliche Bienen haben keinen, dafür sitzt bei ihnen an der Stelle der Fortpflanzungsapparat.

HINTERBEINE

Am hinteren Beinpaar befinden sich die Pollenhöschen. Hier packt die Biene den Pollen rein, den sie in den Blüten findet.

MITTELBEINE

Das mittlere Beinpaar dient zum Laufen und Festhalten.

ALLES GANZ SCHÖN ANDERS ALS BEI UNS, NICHT WAHR? FUNKTIONIERT **ABER GENAUSO GUT!**

WAS BRAUCHEN BIENEN, UM *glücklich* ZU SEIN?

Bienen brauchen was zum Futtern. Das ist ganz klar. Da geht es Hobie und Wilbie nicht anders als dir. Wenn der Magen knurrt, fällt es schwer, gute Laune zu haben. Fragt sich nur, was die beiden fressen? Haben Bienen ein Lieblingsessen? Und was kannst du dafür tun, damit es auf dem Bienenteller landet?

HOBIE ISST, WAS AUF DEN TISCH KOMMT!

Honigbienen sind bei der Wahl ihres Futters nicht sehr wählerisch. Sie nehmen, was da ist, und essen den Teller immer ratzeputz leer. Haben sie einmal eine gute Nektarquelle entdeckt, fliegen sie diese solange an, bis die Blüten keinen Nektar mehr produzieren. Wenn du Honigbienen glücklich machen willst, musst du eigentlich nur dafür sorgen, dass das ganze Jahr über Nektar- und Pollenspender blühen. Schneeglöckchen, Haselnuss, Krokus und Weidenkätzchen locken die Bienen im Frühjahr mit ihrem leckeren Duft aus dem Stock. Im Sommer ist der Tisch meistens gut gedeckt. Im Herbst sind Astern, Büschelschön und blühender Efeu sehr begehrt.

BIENEN SIND VEGETARIER

Wie unterschiedlich sie auch sein mögen, eines haben alle Bienen gemeinsam: Sie sind Vegetarier. Sie ernähren sich von Pollen, Nektar und Honigtau. Im Gegensatz zu Wespen und Hornissen übrigens, die regelmäßig ein ordentliches Stück Fleisch (leider auch schon mal in Form einer Biene) auf dem Teller haben wollen.

WAS WILBIE NICHT KENNT, DAS FRISST SIE NICHT!

Das gilt für viele Wildbienen-Arten. Aber nicht etwa, weil sie so verwöhnt sind. Sie haben sich einfach auf bestimmte Blütensorten spezialisiert. Gibt es von „ihrer" Blütensorte nicht genügend im Angebot, bleiben sie hungrig. Die Natternkopf-Mauerbiene mag nur am gewöhnlichen Natternkopf naschen. Der Knautien-Sandbiene schmeckt nichts außer Wiesen-Knautien und die Ehrenpreis-Sandbiene – du kannst es dir bestimmt schon denken – lässt für eine Portion Ehrenpreis-Pollen alle anderen Blüten links liegen.

DAS „ALL-YOU-CAN-EAT"-BIENEN-BÜFFET

Was kannst du also tun, um möglichst viele Wildbienen satt und glücklich zu machen? Viele von Wildbienen bevorzugte Pflanzen siedeln sich von ganz alleine im Garten an. Wir bezeichnen sie oft als Unkraut – Wilbie sieht das natürlich ganz anders! Die einfachste Möglichkeit: nicht immer alles auszupfen, einfach mal was stehen lassen. Richte den Bienen eine wilde Ecke im Garten ein oder leg zusammen mit deinen Eltern ein Stück Wildblumenwiese an. Wie das geht, zeige ich dir auf der nächsten Seite.

MACHT MIT!

Eine **BLUMENWIESE** für Hobie und Wilbie

Eine Wildblumenwiese ist nicht nur für Bienen ein Paradies. Auch Schmetterlinge, Grashüpfer und Marienkäfer fühlen sich darin superwohl und finden dort Nahrung und Wohnraum. Und wenn die Wiese groß genug ist, kannst du sogar den ein oder anderen Blumenstrauß für dich oder einen anderen lieben Menschen pflücken. Eine Wildblumenwiese lässt sich ganz leicht anlegen. Ich zeig dir, wie es geht!

Um eine Wildblumenwiese anzulegen, brauchst du gar nicht viel: ein sonniges Plätzchen im Garten und ein paar Blumensamen. Wenn ihr keinen Garten habt, kann das auch eine unbewachsene Baumscheibe vor eurer Haustüre sein. Sogar in einem Blumenkasten auf dem Balkon kann eine kleine Wildblumenwiese wachsen. Zum Blumenpflücken wird es dann zwar nicht reichen, aber als kleines Schmetterlings- und Bienenparadies ist auch eine Mini-Wiese geeignet. Jede Blüte hilft!

Wildblumenmischungen gibt es fertig zu kaufen. Bitte achte darauf, dass in der Mischung überwiegend heimische Wildblumen mit einfachen, ungefüllten Blüten enthalten sind – darüber freuen sich unsere Bienen nämlich am meisten.

Auf Seite 21 siehst du, welche Blumen Hobie und Wilbie besonders glücklich machen. Weitere stelle ich dir auf Seite 24–27 vor.

Heimische Bienen-Lieblinge

- WIESENSALBEI
- KÜMMEL
- ADONISRÖSCHEN
- ZAUNWICKE
- WITWENBLUME
- WIESEN-PLATTERBSE
- FENCHEL
- KÖNIGSKERZE
- RAUER LÖWENZAHN
- WILDE MÖHRE
- GEMEINER NATTERNKOPF
- KNOLLIGER HAHNENFUß
- THYMIAN
- TAUBEN-SKABIOSE
- SCHAFGARBE
- WILDE PETERSILIE
- WIESENSALBEI
- GAMANDER-EHRENPREIS

SO GEHT'S!

Eine BLUMENWIESE für Hobie und Wilbie

WEG MIT DEM UNKRAUT

Damit die Samen der Wildblumenmischung gut keimen, musst du zuerst das Unkraut entfernen. Je mehr mithelfen, umso schneller geht's! Dann gräbst du den Boden mit einer Grabegabel um, damit die Erde schön locker wird. Das ist ganz schön anstrengend! Du kennst bestimmt jemanden mit dicken Muckis, der dir helfen kann! Zum Schluss macht ihr die Fläche mit einem Rechen schön glatt.

SAMEN AUFSTREUEN

5–10 Gramm Saatgut brauchst du pro Quadratmeter, damit sich alle in der Mischung vorhandenen Wildkräuter- und Blumensorten gut entwickeln können. Das ist ganz schön wenig. Wieg das am besten am Anfang ab, denn wenn du zu dicht sähst, gehen nicht alle Samen auf.

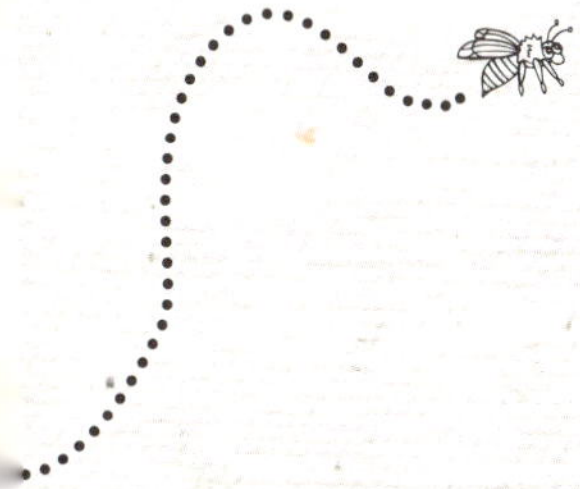

SAMEN GUT EINHARKEN

Nun nimmst du eine Harke und harkst die Samen leicht unter die Erde. Danach muss die Erde gut angedrückt werden. Dafür nimmt man eigentlich eine Walze, aber du kannst die Erde auch mit den Füßen festtreten. Such dir am besten jemanden mit richtigen Quadratlatschen, der dir hilft. Dann ist die Fläche (einmal längs, einmal quer getrampelt) ruck, zuck eingeplättet.

WASSER MARSCH!

Gieß nun mit der Gießkanne ordentlich Wasser auf das Beet. Nachdem der Keimvorgang begonnen hat, darf das Beet solange nicht austrocknen, bis die Keimlinge aufgehen – also immer schön gießen! Das dauert nur ein paar Tage und ein paar Wochen später beginnt die Wiese bereits zu blühen und lockt Wilbie und ihre Freunde an.

Die meisten Gartenböden sind zu fett für Wildblumen. Deshalb musst du ein bisschen Sand untermischen, bevor du die Wiese anlegst. Sand gibt's im Baumarkt in Säcken zu kaufen. Einfach auf dem Beet verteilen und mit einem Rechen unterarbeiten.

BIENENPFLANZEN – Hobies TOP 10

Wie du schon gelernt hast, ist Hobie bei der Auswahl ihres Futters nicht sehr wählerisch. Mit den folgenden Bienenpflanzen ist sie das ganze Jahr über happy!

CHRISTROSE

Blüht von Dezember bis März. Perfekt für hungrige Bienen, die ihren Winterschlaf zu früh unterbrochen haben.

OBSTBÄUME UND -STRÄUCHER

Ein Fest für Bienen, das im April mit Kirsch- und Apfelbäumen beginnt, und mit Brombeer- und Himbeersträuchern bis zum August andauert.

BÜSCHELSCHÖN

Nicht ohne Grund auch als Bienenfreund bekannt, reichlich Nektar und Pollen von Mai bis Juli.

KATZENMINZE

Bietet von Mai bis August einen gut gedeckten Tisch mit reichlich Nektar.

DUFTNESSEL

Von Juni bis August finden Bienen hier Pollen und Nektar. Aus den Blättern kann man einen leckeren Tee machen.

LAVENDEL

Wird im Juli und August heftig von Bienen umschwärmt – und er riecht so toll!

KRÄUTER

Kräuter wie Ysop, Rosmarin, Thymian, Salbei und Koriander werden von Mai bis Oktober von Bienen wegen ihres Nektars umschwärmt.

GLOCKENBLUME

Von Juni bis August gibt's hier Pollen satt, gut für den Bienennachwuchs.

WICKEN

Sie heißen Bienen mit ihrem Nektarangebot von Juni bis September herzlich willkommen.

WILDER WEIN

Ein später Snack, von Juli bis September schnell noch mal mit Pollen und Nektar versorgen, bevor es in die Winterpause geht.

BIENENPFLANZEN – Wilbies TOP 10

Wilbie und ihre Schwestern haben sich auf bestimmte Blütensorten spezialisiert. Hier ist eine Auswahl an Bienenpflanzen, mit denen du viele Wildbienen glücklich machst.

KROKUS

Frühe Pollen- und Nektarquelle im März und April, wenn sonst noch wenig blüht.

SCHNEEGLÖCKCHEN

Für die Frühaufsteher unter den Wildbienen: Pollen und Nektar von Februar bis April.

LÖWENZAHN

Lasst den Löwenzahn in euer Herz! Von April bis Juli erfreuen sich ganze Heerschaaren von Bienen an ihm.

GEWÖHNLICHER NATTERNKOPF

Sehr unkomplizierte Wildbienenpflanze. Von Mai bis Oktober herrscht hier kein Mangel an Pollen und Nektar.

KLEE

Taucht meistens von alleine im Rasen auf. Von Mai bis September gibt es wenig bessere Pollen- und Nektarquellen, also bitte blühen lassen!

STRAUCH-EIBISCH

Von Juli bis September eine sprudelnde Nektarquelle, was will man mehr?

KORNBLUME

Von Juli bis September finden Wildbienen hier alles, was ihr Herz begehrt.

SCHMALBLÄTTRIGES WEIDENRÖSCHEN

Nektar und Pollen von Mai bis August, auch an halbschattigen Standorten.

ECHTER EHRENPREIS

Klein und unscheinbar, für einige von Wilbies Schwestern aber unverzichtbar.

WIESENKNÖTERICH

Die lustig aussehende Pflanze macht Wildbienen lange eine Freude: Sie blüht von Mai bis August.

MACHT MIT!

AUCH BIENEN HABEN *Durst*!

Neben Nektar und Pollen brauchen Bienen auch Wasser. Gewässer wie Seen oder Bäche, Pfützen oder Morgentau auf Pflanzen sind hilfreiche Wasserquellen. Wenn diese fehlen, haben es Hobie und Wilbie schwer. Du kannst ihnen aber ganz einfach helfen! Falls ihr einen Garten mit viel Platz habt, ist ein Teich eine tolle Sache. Aber auch mit einer selbst gebauten Bienentränke kannst du Hobie und Wilbie durch den Sommer helfen.

DAS BRAUCHST DU

- eine flache Schale, z.B. einen Untersetzer für Tontöpfe
- kleine Kieselsteine
- einen schönen Ast oder ein großes Stück Rinde
- ein paar Glasmurmeln, damit es noch schöner aussieht
- alternativ: eine Schale mit geradem Rand und Korken

INFO

Honigbienen brauchen Wasser nicht nur zum Trinken. Sie verwenden es an heißen Tagen auch dafür, um ihren Stock zu kühlen. Sie verteilen es auf den Waben und sorgen dann mit Flügelfächern dafür, dass es verdunstet. Das ist mal eine raffinierte Klimaanlage, nicht wahr?

MIT STEINEN UND ÄSTEN

Verteile die Kieselsteine in der Schale, sodass der Boden bedeckt ist. Leg einen Ast oder ein Stück Rinde hinein – das hilft den Bienen beim Trinken. Bienen können nämlich nicht schwimmen und brauchen daher etwas, worauf sie gut landen können. Wenn du magst, opferst du für die Tränke noch ein paar Murmeln, dann sieht es noch hübscher aus. Füll die Schale dann vorsichtig mit Regenwasser auf, die Kieselsteine sollten noch aus dem Wasser herausschauen – so können Hobie und Wilbie problemlos ans Wasser.

ODER MIT KORKEN

Auch mit Korken kannst du eine prima Bienentränke bauen. Nimm eine Schale mit geradem Rand und stecke die Korken eng zusammengedrängt in die Schale – sonst bedienen sich die diebischen Elstern nämlich an den Korken! Nun nur noch mit Regenwasser auffüllen. Fertig!

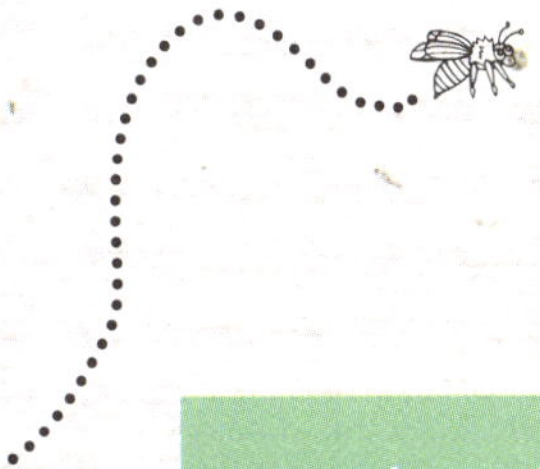

Nun brauchst du nur noch etwas Geduld. Es dauert manchmal ein paar Tage, bis die Bienen die Tränke gefunden haben. Stell sie am besten direkt neben bienenfreundliche Pflanzen. Achte bitte darauf, dass immer genügend Wasser in der Tränke ist und tausche es regelmäßig aus.

KEINE ANGST vor Bienen!

Viele Menschen haben Angst vor Bienen. Gehörst du auch dazu? Das brauchst du gar nicht! Bienen sind nämlich in der Regel sehr friedlich. Die Jungs können gar nicht stechen – sie haben ja gar keinen Stachel. Und die Mädels stechen nur, wenn sie sich bedroht fühlen.

HONIGDIEBE HABEN'S SCHWER

Vor gut 5.000 Jahren, im alten Ägypten, war ein Topf voll Honig genauso viel wert wie ein Esel. Allerdings gehörte auch einiges dazu, die wilden Bienen aufzuspüren und dann auch noch ihren Schatz zu rauben. Die Nester hingen versteckt in hohen Bäumen oder in Felsspalten – das war manchmal eine ganz schöne Kletterpartie. Und so ganz freiwillig haben die Bienen den Honig auch nicht hergegeben. Manch ein ägyptischer Honigdieb hätte wohl gerne das dicke Fell eines Bären gehabt, um sich vor den Stichen zu schützen. Der hohe Preis für Honig war also sicher gerechtfertigt.

Da bin ich als Imkerin heute doch sehr viel besser dran. Über die Jahrtausende wurde die westliche Honigbiene so gezüchtet, dass sie friedlicher drauf ist als früher. Die Bienen freuen sich zwar immer noch nicht, wenn man ihren Honig stibitzt, aber es gibt ein paar clevere Erfindungen, die Imkern die Honigernte sehr erleichtern.

BIENENSTICH – SELBER SCHULD!

Zuerst einmal bin ich in meinem Imkeranzug vor Bienenstichen recht gut geschützt. Es kommt selten vor, dass ich dennoch einen Stich abbekomme. Im letzten Jahr waren es ganze 3. Einmal in die Hand, weil ich zu faul war, die Handschuhe anzuziehen. Einmal in den Fuß, weil ich anstelle der knöchelhohen Schuhe die Gartenklogs zum Imkern angelassen habe. Selber schuld, ich weiß ... Und einmal von einer wirklich wütenden Biene, die sich bei der letzten Honigernte im Jahr irgendwie zwischen meinem Handschuh und der Imkerjacke durchgequetscht hat. Der Stich ist dann auch wirklich stark angeschwollen. Seitdem habe ich immer eine Salbe zur sofortigen Behandlung parat.

WARUM STECHEN BIENEN?

Honigbienen werden nur aggressiv, wenn sie sich bedroht fühlen und ihren Stock verteidigen müssen. An erster Stelle steht die Rettung der Brut und der Honigvorräte und die Verteidigung der Königin. Wenn eine Arbeiterin dabei ihr Leben verliert, ist es für das Bienenvolk zu verkraften. Da die Königin unermüdlich Eier legt, ist immer genug Nachwuchs da, der den Job übernehmen kann. So hart geht es bei den Bienen leider zu. Unersetzlich ist nur die Königin.

Hobies „wilde" Verwandte sind noch friedlicher. Wilbie und die meisten ihrer Schwestern leben ja nicht in einem Bienenstaat. Sie sind quasi alleinerziehende Mütter, die sich um alles alleine kümmern müssen und daher lieber kein Risiko eingehen. Im Zweifel ziehen sie sich eher zurück anstatt einen Angriff zu starten. Denn wenn sie zustechen, verlieren sie dabei ihr Leben und können sich nicht mehr um ihren Nachwuchs kümmern.

Mir ist es am liebsten, wenn ich meinen Stachel nicht benutzen muss. Ich bin eine friedliche Biene. Aber manchmal muss es halt sein. Wenn ich mich oder mein Volk verteidigen muss zum Beispiel. Wenn jemand in unser Haus eindringen will. In meinem früheren Job als Wächterbiene habe ich mehr als eine Wespe mit meinem Stachel vertrieben. Gegen einen Menschen habe ich ihn noch nie gebraucht. Sonst wäre ich ja auch nicht mehr hier. Während ich andere Insekten ohne Schaden für mich stechen kann, bleibt mein Stachel in der Haut von Menschen hängen und ich muss sterben. Schon klar, dass ich dazu wenig Lust habe. Deshalb fliege ich lieber weg, wenn's brenzlig wird. Solange du dich nicht wild fuchtelnd in meinen Weg stellst, hast du nichts zu befürchten. Versprochen!

UND WENN DU TROTZDEM MAL GESTOCHEN WIRST?

Ein Bienenstich tut richtig weh. Trotzdem solltest du Ruhe bewahren. Erst einmal muss der Stachel weg. Er pumpt nämlich noch eine ganze Weile Gift in die Haut. Am besten kratzt du ihn seitlich weg. Nicht herausziehen, dabei gelangt nur noch mehr Gift in den Körper. Als Nächstes muss das Bienengift unschädlich gemacht werden. Dazu drückst du einen heißen Löffel oder einen speziellen Heizstift ein paar Sekunden lang auf die Einstichstelle. Falls der Stich später juckt, hilft es, ihn zu kühlen. Und auch ein Eis von innen kann auf den Schrecken nicht schaden!

WELCHES ESSEN ZIEHT *Bienen* AN?

Du kennst das bestimmt auch: Kaum hat man es sich mit einem Stück Kuchen und einer Apfelsaftschorle auf der Terrasse gemütlich gemacht, ertönt ein lautes Summen direkt neben dem Ohr. Ein gelb-schwarz geringeltes Flugobjekt kreist mehrmals mit affenartiger Geschwindigkeit um den Kopf und stürzt sich dann zielsicher auf Kuchen und Apfelsaft. Nicht so richtig spaßig. Vor allem, wenn nicht ein, sondern eine ganze Horde Brummer am Start sind.

ICH KANN FUTTERN, WAS ICH WILL – UND BEHALTE TROTZDEM MEINE WESPENTAILLE!

DER SCHEIN TRÜGT

Lass dich von dem fröhlichen Ringel-Look nicht täuschen. Das sind keine Bienen. Bienen stehen auf Blumen, Nektar und Pollen und auf sonst nichts. Sie interessieren sich weder für Kuchen noch für Apfelsaft und als überzeugte Vegetarier schon gar nicht für Wurst und Fleisch. Höchstens im Spätsommer, wenn nur noch wenig blüht, könnte ein Honigbrot oder ein Tröpfchen Zuckerwasser hungrige Bienen anlocken.

In der Regel sind es Wespen, gegen die du Kuchen, süße Getränke und Grillwürstchen verteidigen musst. Am besten klappt das, wenn du Speisen nicht lange offen herumstehen lässt. Für Kuchen und die Grillplatte gibt es praktische Abdeckungen zu kaufen. Für eure Trinkgläser kannst du dir ganz einfach einen schönen Wespenschutz selber basteln. Wie das geht, zeige ich dir auf den nächsten Seiten.

TIPP

Wespen mögen fast alles, aber eins können sie überhaupt nicht leiden: den Duft von Lavendel und von Pfefferminze. Stellt einfach ein Töpfchen damit auf den Tisch – das sieht hübsch aus und vertreibt die Plagegeister.

MACHT MIT!

WESPEN MÜSSEN draußen bleiben

Wespen lieben Süßes – das hast du bestimmt schon einmal selbst erlebt. Auch auf Saft und Limo sind sie ganz wild. Damit sie nicht im Getränk baden gehen, sollte man Gläser daher abdecken, wenn man draußen ist. Ein wespensicheres Glas kannst du ganz leicht selber basteln. Ich zeig dir, wie es geht.

DAS BRAUCHST DU

- Akkuschrauber mit Metallbohrer
- Einmach- oder Marmeladengläser mit Schraubdeckel
- eventuell eine Metall-Feile
- umweltfreundliche Acrylfarbe
- Pinsel
- alternativ Masking Tape
- Papierstrohhalme

Mit dem Deckel schützt du nicht nur die Wespe vor dem Ertrinken, sondern auch dich selbst. Wenn sie unbemerkt in dein Glas geraten ist und du daraus trinkst, kann es passieren, dass sie dich im Mund sticht. Und das ist wirklich nicht angenehm.

WESPEN MÜSSEN draußen bleiben

Zuerst bohrt ihr mit dem Akkuschrauber ein Loch für den Strohhalm in die Mitte der Deckel (das sollte ein Erwachsener machen). Eventuell müsst ihr dann noch mit einer Feile Metallspäne und scharfe Kanten wegfeilen. Daran kann man sich nämlich schnell verletzen.

Jetzt kannst du die Deckel nach Herzenslust verzieren. Entweder du malst mit Acrylfarbe ein hübsches Motiv darauf ...

... oder du bemalst den Deckel mit lustigen Streifen im Wespen-Look

... oder du beklebst ihn mit buntem Masking Tape.

Jetzt muss die Farbe nur noch trocknen, dann könnt ihr die Gläser einweihen. Füllt eure Lieblingsgetränke hinein, schraubt den Deckel drauf und steckt den Strohhalm hinein. Prost!

WIR HABEN *Bienen* *zum Fressen* GERN!

Manche Tiere und Insekten haben Bienen zum Fressen gerne. Und das ist ganz wörtlich gemeint. Für den Bienenfresser, den Bienenwolf, für Wespen und Hornissen ist die Biene ein echter Leckerbissen. Und auch Mäuse und Vögel sind keine Freunde der Biene. Ihnen sollten Hobie und Wilbie lieber aus dem Weg gehen.

BIENENFRESSER *Kaum zu glauben, dass dieser hübsche Vogel ein richtiger Bienenkiller ist. Wie sein Name schon sagt, ernährt er sich vor allem von Bienen. Aber auch Hummeln, Wespen, Käfer und andere fliegende Insekten stehen auf seinem Speiseplan. Hobie muss aber trotzdem keine riesige Angst vor ihm haben. Er zählt nämlich zu den gefährdeten Arten – in ganz Deutschland gibt es nur noch 350 Bienenfresser-Paare. Leider! Hobie freut´s natürlich!*

BIENENWOLF *Der Bienenwolf sieht aus wie eine Wespe und ist auch mit den Grabwespen verwandt. Bienen sind seine Lieblingsspeise. Er lauert ihnen gerne in einer mit Nektar gefüllten Blüte auf und betäubt sie aus dem Hinterhalt blitzschnell mit seinem Giftstachel.*

HORNISSE *Hornissen sehen aus wie riesige Wespen und haben auch einen riesigen Appetit. Ein Hornissenvolk erlegt während der Brutzeit bis zu 500 Gramm Insekten am Tag. Lebt es in der Nähe eines Bienenstocks, stehen die Chancen für die Bienen leider schlecht.*

WESPE *Wespen stehen sowohl auf die Bienen selbst als auch auf deren Honig. Im Herbst räubern Wespen manchmal schwache Bienenvölker komplett aus. Sie dringen in den Bienenstock ein, klauen den Honig und knuspern zwischendurch auch ein paar Bienen.*

MAUS *So niedlich sie auch sind: Mäuse sind ganz schöne Räuber! Im Winter nisten sie sich gerne im warmen Bienenstock ein und bedienen sich schamlos an dem dort gelagerten Honigvorrat und an den wintermüden Bienen.*

SPINNE *Kennst du die Biene Maja? Dort hat die böse Spinne Thekla immer wieder vergeblich versucht, Maja und Willi in ihr Netz zu locken. Im richtigen Leben gelingt Spinnen das sehr viel öfter.*

DARF ICH DIR MEINE FAMILIE VORSTELLEN?

SO LEBEN *Wilbie* UND *ihre wilden Verwandten*

In diesem Kapitel geht es um Wilbie und ihre große Wildbienenfamilie – und die ist wirklich groß! Auch die süßen Hummeln gehören dazu. Ich stelle dir einige von Wilbies Verwandten vor und zeige dir, wie sie leben.

DIE GROSSE Wildbienen-FAMILIE

Wilbie hat eine sehr ausgedehnte Verwandtschaft. Sie umfasst mehr als 550 verschiedene Mitglieder. Wenn man sie sieht, kann man gar nicht glauben, dass sie alle zur Familie der Wildbienen gehören. Sie sehen sehr verschieden aus und leben auch sehr unterschiedlich.

VIELE WILDBIENEN SIND EINZELGÄNGER

Schlank oder pummelig, bunt oder schlicht – Wildbienen sind sehr verschieden. Auch in der Größe unterscheiden sie sich sehr: Die Sand-Steppenbiene ist nur winzige 4 Millimeter, andere Arten werden bis zu 3 Zentimeter groß! In einem sind sie sich aber ähnlich: Die meisten Wildbienen sind Einzelgänger und bevorzugen eine eigene Wohnung. Groß muss sie nicht sein, ein ausgehöhltes Bambusröhrchen, eine Mauerspalte oder ein Hohlraum unter der Erde genügen. Hauptsache Eigentum. Hier kümmern sich die Wildbienen-Mädels ganz alleine um ihren Nachwuchs. Bauen ein Kinderzimmer nach dem anderen aus und schaffen genügend Nektar und Pollen heran, damit der hungrige Nachwuchs gut durch den Winter kommt. Sie selbst werden den Winter leider nicht erleben. Wenn der Nachwuchs gut versorgt ist, nehmen sie noch einen Schluck Nektar an der nächsten Blüte und hauchen dann ihr Leben aus. Die meisten Wildbienen leben nämlich nur 4–6 Wochen.

Auch die niedlichen Hummeln gehören zu den Wildbienen.

HUMMELN SIND GESELLIGER

Die dicken gemütlichen Hummeln kennst du bestimmt. Auch sie gehören zu den Wildbienen. Im Gegensatz zu vielen anderen Wildbienenarten ist die Hummel eher der Großfamilientyp. Sie lebt zusammen mit ein paar Hundert Schwestern in Erdhöhlen. Im Frühjahr könnt ihr Hummelköniginnen bei der Suche nach einem neuen Zuhause beobachten. Sie fliegen dann dicht über der Erde und suchen nach verlassenen Mäusehöhlen oder anderen Hohlräumen, in die sie ein Nest bauen können.

HUMMELN SIND KEINE FROSTBEULEN

Hummeln sind schon sehr früh im Jahr unterwegs. Während Hobie bei Temperaturen unter 10 Grad keinen Schritt vor die Tür macht, kennen Hummeln kein schlechtes Wetter. Schal um den Hals und los geht's. Ihr dicker Pelz schützt sie vor Kälte. Außerdem haben sie eine Art eingebaute Heizung. Sie koppeln ihre Flügel aus, lassen sie kreisen und bringen so ihren Körper auf Flugtemperatur, bevor sie abheben.

DIE UNGELIEBTE VERWANDTSCHAFT

Wie in jeder Familie gibt es auch in Wilbies Familie ein paar Familienmitglieder, über deren Besuch sich niemand wirklich freut. Man nennt sie Kuckucksbienen. Sie kommen ohne Anmeldung, fressen den Kühlschrank leer und lassen ihre hungrigen Kinder zurück, wenn sie gehen. Kuckucksbienen sind Schmarotzer. Sie legen ihre Eier in fremde Nester. Sobald die Larven der Kuckucksbiene schlüpfen, fressen sie die Larven der Wirte auf und den Futtervorrat noch dazu.

Kuckuckshummeln treiben es sogar noch bunter. Hier nistet sich die Königin direkt in einem fremden Volk ein und lässt sich und ihren Nachwuchs von den versklavten Arbeiterinnen versorgen. Ganz schön gemein, was?

Etwa 25 % der Wildbienenarten sind Kuckucksbienen. Die „Große Blutbiene" gehört dazu.

So kannst du helfen!

- Wenn du leere Schneckenhäuser im Garten findest, leg sie an einen sonnigen Platz, wo sie niemanden stören. Vielleicht baut ja bald eine Wildbiene ihr Nest darin.
- Wenn du siehst, wo eine Hummel in der Erde verschwindet, leg einen bemalten Kieselstein neben den Eingang. Damit niemand die Höhle aus Versehen verschüttet.
- Nimm einen großen Blumentopf (er muss unten ein Loch haben, damit Wasser abfließen kann). Füll eine Schicht Blähton hinein und mach ihn dann mit einer Mischung aus Sand und Lehm voll. Der Topf kann auf dem Balkon stehen oder du gräbst ihn an einem sonnigen Platz im Garten ein. Sandbienen sind superdankbar für so ein Angebot!
- Im Garten darf es ruhig etwas unordentlich sein! Viele Wildbienen nisten nämlich gerne in den hohlen Stängeln von verblühten Stauden. Die lässt man deshalb besser über Winter stehen. Im Frühjahr ist immer noch genügend Zeit, um sie wegzuräumen.
- Du kannst auch Zweige von einem Brombeerstrauch (Achtung, der piekst wie verrückt) oder von einem Holunderstrauch abschneiden und senkrecht mit Abstand in die Erde stecken oder an einem Zaun befestigen.
- Bau ein Insektenhotel – wie das geht, zeige ich dir ab Seite 46.
- Wenn du dann noch in einer ollen (aber sonnigen) Gartenecke alte Äste oder Holzstücke aufstapelst und einen Steinhaufen anlegst, findet wirklich jede Einzelne von Wilbies Schwestern ein geeignetes Zuhause.

Jetzt WIRD´S WILD!

Wie du schon gehört hast, umfasst die Wildbienen-Familie mehr als 550 verschiedene Arten. Keine Angst, alle 550 stelle ich dir nicht vor! Aber ein paar besonders tolle Exemplare möchte ich dir unbedingt zeigen.

ZAUNRÜBEN-SANDBIENE

Außer Zaunrübennektar und -Pollen kommt ihr nichts auf den Teller. Den isst sie aber sehr gerne in Gesellschaft von anderen Zaunrüben-Sandbienen. Wo eine ist, findet man meist gleich mehrere Hundert! Die Zaunrüben-Sandbiene ist übrigens ein Star: 2015 war sie Wildbiene des Jahres. Ihre Nester baut die Zaunrüben-Sandbiene im Boden.

GEHÖRNTE MAUERBIENE

Die Mauerbiene ist schon eine Hübsche! Mit ihrem orangebraun gefärbten Hinterteil und den kleinen Hörnchen am Kopf fällt sie auf. Eitel ist sie aber trotzdem nicht! Die Mauerbiene legt ihre Eier gern in Nisthilfen wie hohle Halme oder Bambus – sie freut sich also über ein Insektenhotel besonders doll!

GARTEN-WOLLBIENE

Wollbienen kann man leicht mit Wespen verwechseln. Die gelben Querstreifen gehen bei ihr aber nicht über den ganzen Körper. Außerdem fehlt ihr die Wespentaille. Wollbienen nisten im Boden, in Mauerspalten oder in lehmigen Wänden. Kühle und nasse Tage verpennen sie gerne in Totholzstapeln. Ihren Namen haben sie übrigens, weil sie ihre Brutzellen mit wolligen Pflanzenfasern auspolstern.

FURCHENBIENE

Die Furchenbiene ist ein echter Winzling. Schau mal, wie klein sie im Vergleich zu der Honigbiene ist! Es gibt viele verschiedene Arten der Furchenbiene. Sie sind braun bis schwarz und ziemlich schlank. Weil sie so klein sind, sind sie kaum auseinanderzuhalten. Furchenbienen nisten in der Erde.

Beim lustigen Bienen-Quiz auf Seite 50/51 lernst du noch andere Wildbienen kennen!

DUNKELFRANSIGE HOSENBIENE

Die Hosenbiene trägt Pelz, auch im Sommer. Keine Angst, schwitzen tut sie trotzdem nicht! Die Haarbürsten an den Hinterbeinen sind super für den Transport von Pollen. Ihre Nester baut die Hosenbiene im trockenen, lockeren Sand.

GARTENHUMMEL

Sie könnte die kleine Schwester der Erdhummel sein. Aber sie hat im Gegensatz zu ihr einen ziemlich langen Rüssel, mit dem sie Blütennektar erreicht, der für andere Hummeln unerreichbar ist. Du kannst sie außerdem gut an dem doppelten orangegelben Ring in der Mitte erkennen. Gartenhummeln nisten unterirdisch in Erdhöhlen, aber auch außerhalb der Erde.

ERDHUMMEL

Der dicke Brummer mit dem weißen Po. Die Erdhummel gehört zu den größten und auffälligsten Hummelsorten. Sie ist bei der Auswahl ihrer Futterpflanzen nicht wählerisch. Trotz ihrer beachtlichen Größe hat sie einen ziemlich kurzen Rüssel. Deshalb beißt sie Blüten mit langem Kelch einfach von hinten auf, um an den süßen Nektar zu kommen. Hummeln bauen ihre Nester tief in der Erde. Gern nutzen sie dafür Mauselöcher – so sparen sie sich die Buddelei!

TRAUERSCHWEBER

Er ist keine Wildbiene, sondern ein Wildbienen-Parasit. Der Trauerschweber fliegt wie ein Hubschrauber vor den Nisthöhlen der Mauerbienen auf und ab und schleudert seine Eier in deren Brutröhrchen. Beim Tor des Monats würde er wahrscheinlich alle Rekorde brechen. Nett ist das natürlich trotzdem nicht. Neben dem Pollenvorrat frisst er am Ende nämlich auch den Nachwuchs der Mauerbienen auf.

ZU HAUSE BEI *Wilbie* UND IHREN *Schwestern*

Anders als Honigbienen leben Wildbienen nicht im Bienenstock. Sie nisten im Boden, in morschem Holz, in Pflanzenstengeln oder Baumstämmen, in Schneckenhäusern oder an Mauern. Manche von ihnen sind dabei ganz schön erfinderisch.

SCHÖNER WOHNEN

Magst du mir erzählen, wie es in deinem Kinderzimmer aussieht? Bestimmt ganz doll gemütlich, oder? Auch Wildbienen haben es gerne schön zu Hause. Einige Hummelarten streichen ihre Wohnhöhle mit Wachs aus. Andere Wildbienen nutzen verschiedene Naturmaterialien, um es ihren Kindern hübsch zu machen. Die Wohnung von alleine lebenden Wildbienen besteht nämlich nur aus Kinderzimmern. Sie selbst schlafen draußen in Blüten oder unter Blättern.

Blattschneiderbienen kleiden ihre Wohnung fein säuberlich mit Blättern aus. Die Mohn-Mauerbiene tapeziert die Kinderzimmer mit Mohnblüten. Die kleine Harzbiene bestreicht ihre Zimmerwände mit Baumharz und baut daraus sogar einen kleinen Schornstein zur Belüftung. Garten-Wollbienen sammeln wollige Pflanzenfasern und bauen daraus ein kuscheliges Nest. Ganz kreativ sind auch ein paar Mauerbienenarten. Sie legen ihre Kinderzimmer in einem leeren Schneckenhaus an und verzieren die Oberfläche mit zerkautem Blattbrei.

Eine Blattschneiderbiene mit ihrer neuen „Lieblingstapete“.

Auf den Seiten 47-49 zeige ich dir, wie du ein Insektenhotel selber bauen kannst.

Wenn die Wildbiene ihre Eier abgelegt hat, verschließt sie die Niströhre mit feuchtem Lehm.

ZU GAST IM HOTEL

Wilbies Nachwuchs wächst ganz nobel in einem Hotel auf. Das war gerade bezugsfertig, als sie vorbeiflog. Miete muss sie nicht zahlen, dafür ist die Einrichtung recht spartanisch. Einfache unverputzte Bambusröhrchen, aber das stört sie nicht. Sie ist ja selten zu Hause. In ihrer schmalen langen Wohnung ist Platz für 7–9 Kinderzimmer. In jedes Zimmer kommt eine ordentliche Portion Pollenbrei, mit Nektar vermischt. Darauf legt sie ein Ei, dann wird die Tür zum Kinderzimmer mit Lehm zugemacht und das nächste Zimmer belegt.

Die Mädchenzimmer werden zuerst gebaut. Die der Jungs liegen direkt am Eingang. Während bei Hobie die Jungs mehr Zeit in ihren Zellen verbringen als die Mädels, ist es bei Wilbie umgekehrt. Die männlichen Bienen schlüpfen ein paar Tage vor den weiblichen. Da ist es ganz praktisch, wenn ihre Zellen am Eingang liegen. Hatte ich erwähnt, dass es nur Durchgangszimmer gibt? Wie soll das sonst auch gehen in der langen schmalen Bambusröhre? Die Zimmer liegen alle hintereinander und bevor die Biene im letzten Zimmer raus kann, müssen ihre Brüder und Schwestern weiter vorne erst mal Platz machen.

Du kannst dir das vielleicht schwer vorstellen, aber Wildbienen verbringen die meiste Zeit ihres Lebens in ihrer engen Zelle. Hier entwickelt sich das Ei zur Larve und schließlich zur ausgewachsenen Biene. Den ganzen Winter über liegt die Jungbiene dann etwas gelangweilt in ihrem Zimmer. Fernseher oder Handy gibt es dort nicht. Erst im Frühling, wenn die ersten Blumen blühen, darf sie raus an die Sonne, wo sie sofort damit beginnt, für eigenen Nachwuchs zu sorgen. Die Wildbienen-Jungs warten schon sehnsuchtsvoll vor der Brutstätte oder auf der Lieblingsblume der Auserwählten auf die geschlüpften Weibchen. Nach der Paarung machen sie sich vom Acker und das Weibchen ist auf sich gestellt. Sie legt in ihrer kurzen Lebenszeit möglichst viele Eier und kümmert sich alleine um den Nachwuchs.

WIR BAUEN EIN Zuhause FÜR WILBIE

In der Stadt ist es für Wilbie manchmal schwer, eine passende Wohnung zu finden. Da geht es ihr nicht anders als uns. Aber du kannst ganz einfach dafür sorgen, dass Wilbies Wohnungsnot ein Ende hat. Ein Wildbienenhotel ist schnell gebastelt und einen Teil der Materialien habt ihr bestimmt schon zu Hause. Los geht´s!

DAS BRAUCHST DU

- eine leere Konservendose
- Acrylfarbe in Gelb und Schwarz
- Pinsel
- Kreppband
- Bambusstäbe mit 4-8 cm Durchmesser
- Säge
- feines Schmirgelpapier
- Flaschen- oder Pfeifenreiniger
- 2 Kronkorken
- flüssiger Klebstoff
- Schnur zum Aufhängen

Hier fühlt sich Wilbies Nachwuchs sauwohl!

- Wenn du die Bambusstäbe vor dem Sägen über Nacht in Wasser einweichst, werden sie geschmeidiger und Splittern beim Sägen nicht so leicht.
- Nimm zum Anmalen der Dose bitte ungiftige Farben. Sie schaden den Puppen und Larven nicht und vertreiben die Bienen nicht mit ihrem starken Geruch.

SO GEHT'S!

WIR BAUEN EIN *Zuhause* FÜR WILBIE

1. *Mach die Konservendose gut sauber und mal sie dann mit einem Pinsel mit gelber Farbe an. Vielleicht musst du zweimal drüberstreichen, damit die Farbe schön gleichmäßig ist.*

2. *Wenn die Farbe getrocknet ist, kleb 3 Streifen Kreppband auf die Dose: einen oben, einen in der Mitte und einen unten.*

3. *Mal dann mit der schwarzen Farbe über die gelben Streifen. Lass alles gut trocknen und zieh dann das Kreppband ab. Sieht schon hübsch aus, oder?*

4. *Sägt nun die Bambusstäbe zurecht: Die Stäbe müssen 1–2 cm kürzer sein als die Dose tief ist, sie sollen nicht herausschauen. Beim Sägen kann man sich leicht verletzen, bitte lieber einen Erwachsenen, dir zu helfen.*

5. Glätte den Rand der vorderen Öffnung der Bambusröhrchen, indem du das Röhrchen über Schmirgelpapier streichst.

6. Reinige die Stäbe innen mit einem Flaschen- oder Pfeifenreiniger. So entfernst du Mark und Häutchen. Wilbies Nachwuchs soll sich ja schließlich wohlfühlen!

7. Stecke die Bambusstäbe nun dicht an dicht in die Dose, sie müssen richtig festsitzen.

8. Jetzt fehlt nur noch das Gesicht. Dafür malst du einfach einen schwarzen Punkt innen auf den Kronkorken, das sind die Pupillen. Lass die Farbe trocknen und kleb die Kronkorken dann auf den Boden der Dose. Nun noch Mund und Haare mit schwarzer Farbe aufmalen – fertig ist Wilbies neues Zuhause!

Suche für das Bienenhotel einen wind- und regengeschützten Platz und häng es mit einem Stück Schnur auf. Nun brauchst du nur noch ein bisschen Geduld – es wird bestimmt schon bald bewohnt sein. Das erkennst du daran, dass die Röhrchen vorne verschlossen sind.

KLEINES Bienen-Quiz

1. WESPE ... oder vielleicht doch nicht?

Diese Frage ist ganz schön knifflig. Auf den ersten Blick sehen die 4 Insekten schon sehr ähnlich aus. Aber schau mal ganz genau hin, dann entdeckst du einige Unterschiede. Auf welchem Bild hat sich wohl die Wespe versteckt?

Genau, auf Bild 1! Das hast du bestimmt an der schmalen Wespentaille erkannt, nicht wahr? Die Wespentaille ist die tiefe Einschnürung zwischen Brust und Hinterleib. Sie ist gerade so breit, dass einige Sehnen, Nerven und Blutgefäße durchpassen. Es sieht fast so aus als würde das Hinterteil bald abfallen. Aber keine Sorge, das passiert nicht!

Und wie sieht´s mit den anderen 3 Insekten aus? Das Insekt auf Bild 2 ist viel pummeliger um die Hüften herum. Von Wespentaille keine Spur! Außerdem ist es weniger lang und etwas behaarter. Es handelt sich um eine Wildbiene, genauer gesagt um eine Wollbiene. Sie heißt so, weil sie ihre Nester mit Pflanzenwolle baut.

Die Hübsche von Bild 3 sieht der Wespe von Bild 1 schon verdammt ähnlich. Aber auch ihr fehlt die Wespentaille. Aber was mag sie dann wohl sein? Du wirst bestimmt sehr überrascht sein, wenn ich es dir verrate. Das ist ein Hornissen-Glasflügler. Dieser ist gar kein Insekt, sondern ein Schmetterling! Er tarnt sich als Hornisse, um Feinde abzuschrecken. Raffiniert, nicht?

Dann ist auf Bild 4 bestimmt auch ein Glasflügler zu sehen, meinst du? Reingelegt! Hier ist es wirklich eine Hornisse!

2. Das sind doch HUMMELN, oder?

Das könnte man wirklich denken, aber nur auf einem der Bilder befindet sich eine Hummel. Hast du vielleicht eine Idee?

Puh, das ist ganz schön schwierig, oder? Mach dir nichts draus, wenn du es nicht wissen solltest. Auch große Insektenkenner tun sich damit nämlich schwer.

Am besten fangen wir mal mit Bild 2 an. Fällt dir hier vielleicht etwas auf? Genau, die dünnen Beinchen! Diese sehen ganz anders aus als bei Hummeln und allen anderen Bienen. Es ist ein Hummelschweber, auch Wollschweber genannt. Er ist keine Biene, sondern eine Fliege. Der Hummelschweber kann wie eine Schwebfliege in der Luft stehen und mit seinem langen Rüssel Nektar aus den Blüten saugen. An faulen Tagen macht er es sich beim Nektarschlürfen aber auch schon mal auf der Blüte bequem ...

Aber wo versteckt sich nun die Hummel? Die beiden Insekten auf Bild 1 und Bild 3 sehen doch wirklich fast gleich aus. Ok, ich verrate es dir. Der behaarte Pummel auf Bild 3 sieht zwar aus wie eine Hummel, ist aber eine Pelzbiene! Den Unterschied zur Hummel erkennst du am besten, wenn sie fliegt. Im Gegensatz zur Hummel fliegt die Pelzbiene in Schlangenlinien und schneller und ruckartiger.

Die Lösung ist also: Bild 1! Hier siehst du eine Ackerhummel. Es gibt in Deutschland 28 verschiedene Hummelarten. Sie unterscheiden sich in ihrer Form und Farbe und leben auch sehr unterschiedlich. Die Ackerhummel hat einen grauen Körper und einen bräunlichen bis rotbraunen Pelz. Wie der Name schon sagt, baut sie ihr Nest in der Erde.

KLEINES Bienen-Quiz

3. Und wer bist DU?

Dieses elegante Insekt hast du bestimmt schon mal gesehen. Es ist ein echter Flugkünstler! Es bewegt die Flügel so schnell, dass es wie ein Kolibri in der Luft stehen kann. Bis zu 300 Flügelschläge in der Sekunde. Ist das nicht toll? Aber wie heißt der Superflieger?

Es ist eine Schwebfliege! Die hübschen Fliegen sind gelb gestreift wie Wespen und werden oft mit ihnen verwechselt. Das macht ihnen aber nichts aus. Ganz im Gegenteil! Die gelb gestreifte Musterung gilt im Tierreich als Warnsignal und schreckt Feinde ab. Schwebfliegen haben nämlich keinen Stachel und sind daher ziemlich wehrlos. Die Musterung ist ihr Schutz: *Vorsicht, ich bin gefährlich!*

In der Natur kommt es häufiger vor, dass sich ein harmloses Tier mit dem Aussehen eines gefährlichen Tiers tarnt. Du hast das ja auch eben schon beim Hornissen-Glasflügler gehört. Biologen nennen das „Mimikry“.

KLEINE PAUSE

Jetzt hast du schon so viel Neues gelernt – Zeit für ein kleines Päuschen! Schnapp dir deine Buntstifte und mal das Bild aus, ganz so, wie es dir gefällt. Ausmalen ist nämlich super zum Entspannen!

OHNE MICH GEHT
GAR NICHTS!

Hobies SPANNENDES LEBEN im BIENENSTOCK

In diesem Kapitel geht es um Hobie. Sie lebt wie alle Honigbienen mit ganz vielen anderen Arbeitsbienen, ein paar Drohnen und ihrer Königin in einem Bienenstock. Dort wird der Nachwuchs geboren und aufgezogen und Honig gemacht. Komm mit, ich zeig dir Hobies Welt!

DIE *Welt* DER HONIGBIENEN

Wie Wilbie lebt, weißt du ja schon. Sie ist eher eine Einzelgängerin. Bei Hobie und ihrer Familie sieht es ganz anders aus! Honigbienen leben mit ganz vielen anderen Bienen zusammen, meistens im Bienenstock bei einem Imker oder einer Imkerin.

WO LEBEN HONIGBIENEN?

Honigbienen wohnen bei einem Imker in Bienenkörben oder in Holzkästen, das weiß doch jeder! Das stimmt, war aber nicht immer so. Bienen gibt es schon seit 50 Millionen Jahren, da gab es uns Menschen noch lange nicht. Die meiste Zeit davon lebten die Bienen in Hohlräumen von Baumstämmen im Wald. Erst vor ca. 5.000 Jahren entdeckten die alten Ägypter, dass ihnen die Biene nützlich sein kann. Sie holten die Bienen aus dem Wald und gaben ihnen in Röhren aus Ton ein neues Zuhause. Dabei lernten sie sehr viel über die Bienen. Den Honig verwendeten sie als Medizin und für Salben ... und hatten ihn auch zum Fressen gern. Klar, schmeckt ja auch wirklich zuckersüß!

WAS IST EIN IMKER?

Imker sind Menschen, die Honigbienen züchten und sich um sie kümmern. Ich gehöre auch dazu. In meinem Garten leben mehrere Bienenvölker. Ab Seite 96 erzähle ich dir mehr darüber.

WOHNEN ZUR MIETE

Heute gibt es Bienenstöcke nur noch selten in der freien Natur. Die meisten Bienen nutzen die „Wohnungen“, die ihnen Imker zur Verfügung stellen. Die Miete zahlen sie in Form von Honig. Ist das ein fairer Deal? Was meinst du? Ohne Imker und Imkerinnen wäre das Leben der Honigbienen unter den heutigen Bedingungen viel schwieriger. Aber darüber erzähle ich dir später mehr.

Gruppenkuscheln in der Baumhöhlen-Wohnung gibt es heute nur noch selten.

So wohnen meine Bienen!

Die in Asien lebende Riesenhonigbiene (Apis dorsata) wohnt lieber mit Ausblick.

HONIGBIENEN KÖNNEN (FAST) ALLES

Honigbienen sind wirklich toll! Sie können fliegen, stellen das Material zum Bau ihrer Nester selbst her, sogar ihr Essen und ihre Medizin machen sie selbst. Auch um Klimaanlage und Heizung im Bienenstock und um alle Reparaturen kümmern sie sich. Restaurants und Handwerksbetriebe würden hier ganz schnell Pleite gehen ...

Und alle Arbeiten laufen wie am Schnürchen. Nichts wird umsonst gemacht, alles folgt einem Plan. Keiner jammert oder meckert, dass er zu viel zu tun hat. Letztlich geht es nur darum, die Art zu erhalten. Damit es auch in Millionen von Jahren noch Bienen gibt. Dafür geben sie alles.

Nur eins können Honigbienen nicht: alleine leben! Ohne die anderen sterben Honigbienen schon nach kurzer Zeit. Sie brauchen den Kontakt zu ihren Artgenossen und ihre Unterstützung. Jeder hat seine Aufgabe. Gemeinsam ist es doch auch viel schöner, nicht wahr?

ZU BESUCH BEI *Hobie*

Hobie lebt wie alle Honigbienen mit ganz vielen anderen Bienen in einem Bienenstock. Dort weiß jeder, was er zu tun hat und das ist auch gut so. Bei 50.000 Bienen auf engem Raum würde sonst sofort das totale Chaos ausbrechen. Wobei – von außen betrachtet sieht es genau danach aus. Dicht an dicht laufen die Bienen kreuz und quer über die Waben, drängeln sich durch die Gänge und quetschen sich aneinander vorbei. Man muss schon sehr genau hinschauen, um die geheime Ordnung dahinter zu entdecken.

IMMER IN ACTION

Wenn du auf eine Wabe voller Bienen schaust, dann siehst du zu 90 Prozent Arbeiterinnen. Hobie ist eine von ihnen. Die Arbeiterin stellt den Prototyp der Honigbiene dar. Sie kommt am häufigsten vor.

Wie der Name schon sagt, erledigt sie die unterschiedlichsten Arbeiten. Sie putzt den Bau, füttert den Nachwuchs, baut neue Waben, pflegt die Königin, sammelt Futtervorräte und bewacht den Eingang. In ihrem gerade mal 3–6 Wochen langen Leben durchläuft sie nacheinander verschiedene Stationen, viel Zeit zum Einarbeiten bleibt ihr dabei nicht.

Kaum geboren, muss sie schon ihr Zimmer aufräumen und den Müll rausbringen. Kurz darauf muss sie zusehen, wie sie ihre jüngeren Schwestern satt bekommt.

Na, erkennst du was? Im Bienenstock ist ganz schön was los und immer was zu tun. Zeit zum Chillen bleibt Hobie und den anderen Arbeiterinnen nicht.

Im Alter von knapp 2 Wochen krempelt sie die Ärmel hoch und packt mit an beim Wabenbauen. Das gibt ordentliche Muckis und die braucht sie auch für ihre nächste Aufgabe. Als Wächterbiene darf sie mit gezücktem Stachel den Eingang des Bienenstocks bewachen und gegen fremde Eindringlinge verteidigen.

Erst auf ihrer letzten Station als Sammelbiene bekommen wir sie schließlich zu sehen. Die fleißigen Bienen, die von Blüte zu Blüte fliegen und Nektar und Pollen sammeln, sind also quasi schon Bienenomas, die nur noch wenige Tage zu leben haben. Dabei sind sie erst 3 Wochen auf der Welt!

ES KANN NUR EINE GEBEN

Der Königin dagegen ist mit 3–5 Jahren ein deutlich längeres Leben beschieden. Das verbringt sie allerdings damit, von früh bis spät Eier zu legen – mal abgesehen von dem einmaligen Vergnügen des Hochzeitsfluges.

Bis zu 2.000 Eier legt sie pro Tag. Verständlich, dass sie sich bei dem Pensum nicht mit so Kleinigkeiten wie Körperpflege oder Futterbeschaffung beschäftigen kann. Das erledigt ihr Hofstaat aus Arbeiterbienen für sie. Ständig wuseln 5–10 Hofdamen um sie herum, die ihr jeden Wunsch von den Augen ablesen. Zumindest solange sie mit ihrer Herrscherin zufrieden sind. Wird die Königin alt und müde, können ihre Untertanen nämlich ganz schön ungemütlich werden. Aber dazu später mehr.

Auch wenn die Bienenkönigin kein Krönchen trägt, kannst du sie gut erkennen. Sie ist die Größte im Bienenstock und hat ein längeres Hinterteil.

VOLL DIE CHILLER!

Auch die dicken Drohnen, die männlichen Bienen, schaffen es nicht, selbst für ihr Futter zu sorgen, wenn auch aus ganz anderen Gründen. Sie sind den ganzen Tag damit beschäftigt, eine heiratswillige Königin zu erspähen. In großen Gruppen lungern sie hoch in der Luft herum und warten darauf, dass zufällig eine schnuckelige Jungkönigin auf Brautschau vorbeigeflogen kommt. Bei der Rückkehr in den Bienenstock fallen sie dann nur noch erschöpft aufs Sofa und lassen sich von den Arbeiterinnen 'ne Tüte Chips und eine Cola bringen. Ok, wohl eher Pollen und Nektar ...

Hört sich ein bisschen nach Schlaraffenland oder Hotel Mutti an, ist aber nach der Begattung – die den Drohn das Leben kostet – schlagartig vorbei. Und im Herbst werden die restlichen Drohnen von den eben noch ach so freundlichen Arbeiterinnen unbarmherzig aus dem Bienenstock geworfen.

Die Königin ist mit etwa 2 Zentimetern am größten.

Der Drohn ist etwas kleiner, dafür aber pummeliger.

Am kleinsten und dünnsten ist die Arbeiterin mit maximal 1,5 Zentimeter Länge.

Auch Wabenbau und Fütterung des Nachwuchs gehören zu den vielen Aufgaben einer Arbeitsbiene.

Endlich an die Luft! Mit etwa 3 Wochen verlässt die Arbeiterin zum ersten Mal den Stock, um Pollen und Nektar zu sammeln.

Hier kommt nicht jeder rein! Wächterbienen lassen nur Sammelbienen aus ihrem Volk wieder in den Stock.

Das sind **WIR!**

Wenn du Zahlen magst und es gerne ganz genau wissen möchtest, bist du hier genau richtig! Hobie und Co. erzählen dir, wie schnell sie fliegen können, wie schwer sie sind und viele spannende Dinge mehr!

Rate mal, wie viel ich wiege? Nicht einmal 100 Milligramm! Meine pummeligen Drohnen-Brüder wiegen etwa 180 Milligramm. Und meine Königin ist mit etwa 250 Milligramm am „schwersten". Wir sind also im Vergleich zu Menschen federleicht. Ein erwachsener Mann wiegt zum Beispiel etwa 85 Kilogramm, das sind 85.000.000 Milligramm!

WÄHREND MEINER ZEIT ALS SAMMELBIENE BIN ICH GANZ SCHÖN VIEL UNTERWEGS. JEDEN TAG FLIEGE ICH ETWA 300 BLÜTEN AN. GANZ SCHÖN ANSTRENGEND, KANN ICH DIR SAGEN!

Damit wir 1 Kilogramm Honig herstellen können, müssen wir 3 Kilogramm Nektar sammeln. Dafür besuchen meine Schwestern und ich etwa 14 Millionen Blüten. Für den Honig auf deinem Frühstücksbrötchen haben wir also ganz schön hart gearbeitet!

ICH KANN ZIEMLICH SCHNELL FLIEGEN, BIS ZU 30 KM/H. UM MIT MIR MITZUHALTEN, MUSST DU BEIM RADFAHREN SCHON GANZ SCHÖN IN DIE PEDALE TRETEN!

Zur Schwarmzeit wird es bei uns Bienen richtig voll: Bis zu 50.000 Arbeitsbienen, 400–3.000 Drohnen und 1 Königin leben dann im Bienenstock.

Meine einzige Aufgabe als Drohn ist es, die Königin zu befruchten, damit sie Eier legen kann. Meine Schwestern füttern mich und ich hab echt ein chilliges Leben. Sehr alt werde ich aber leider nicht, 30–40 Tage – wenn ich nicht bei der Paarung sterbe …

21 Tage brauche ich, bis ich aus einem Ei geschlüpft bin. Danach muss ich sofort arbeiten: putzen, füttern, Waben bauen und was sonst noch so im Bienenstock zu tun ist. Viel Zeit bleibt mir dafür nicht: Wenn ich im Sommer schlüpfe, muss ich besonders hart arbeiten und werde nur etwa 3–6 Wochen alt; wenn ich im Winter geboren werde, lebe ich immerhin 6–8 Monate.

Ein Leben als Königin muss toll sein, denkst du vielleicht. Pustekuchen! Bei der englischen Queen mag das vielleicht so sein, aber mein Leben ist wirklich kein Honigschlecken. Ok, ich werde von meinem Hofstaat versorgt und betüddelt. Dafür hab ich aber auch eine große Verantwortung und viel Arbeit. Mein Volk kann nur überleben, wenn ich Eier lege … und das mache ich von Frühling bis Herbst den ganzen Tag. Etwa 1.000–2.000 Eier pro Tag. 3–5 Jahre lang – so alt werde ich nämlich.

DIE *Baukünste* DER HONIGBIENEN

Bienen sind perfekte Baukünstler! Hast du dir schon einmal eine Bienenwabe genauer angesehen? Das sind richtige Kunstwerke. Total ordentlich und sehr stabil. Und sie entstehen durch Schwitzen. Glaubst du nicht? Komm, ich zeig´s dir!

IM BIENENSTOCK WIRD STÄNDIG GEBAUT

Während sich das Leben der Drohnen zwischen Faulenzen und mit der Königin flirten abspielt, wird im Bienenstock hart gearbeitet. Jeden Morgen krempeln die Baubienen die Ärmel hoch und machen sich auf den Weg zur Baustelle. Die Königin braucht Platz, um neue Eier zu legen, und der Nektar, den die Sammelbienen nach Hause bringen, muss auch irgendwo untergebracht werden. Außerdem kannst du dir bestimmt vorstellen, dass in einem Stock mit 50.000 Bienen auch mal was kaputt geht und repariert werden muss. Am meisten gibt es zu tun, wenn ein obdachloser Bienenschwarm ein neues Zuhause bauen muss. Alle helfen dabei mit. Auch ältere Bienen, deren Baubienenzeit schon vorbei ist, können plötzlich wieder Wachs produzieren. Innerhalb von wenigen Tagen entsteht so eine neue Wohnung für das Volk.

OHNE SCHWEIß KEIN PREIS

Das Zuhause der Honigbienen besteht aus ganz vielen sechseckigen Zellen aus Wachs. Aber woher bekommen die Bienen das Wachs? Aus dem Supermarkt? Nein, sie schwitzen es aus! Wirklich wahr! An ihrem Hinterleib befindet sich eine Wachsdrüse, aus der sie winzig kleine Wachsplättchen ausschwitzt. Jeweils 8 auf einmal. Die Plättchen sind etwa so groß wie eine Haarschuppe und fast durchsichtig. 125.000 davon werden für 100 Gramm Bienenwachs benötigt.

WABENBAU IST TEAMARBEIT

Aber wie werden nun aus den Wachsplättchen Bienenwaben? Das geht so: Der Bautrupp versammelt sich zunächst mal dort, wo gebaut werden soll. Viele Hundert Bienen kommen zu einer dichten Bienentraube zusammen. Sie halten sich an Händen und Füßen aneinander fest, bilden einen Bienenvorhang und beginnen von oben nach unten neue Waben zu bauen. Die einzelnen Wachsplättchen fangen sie dabei mit den Hinterbeinen auf und schieben sie sich in den Mund. Dort werden sie kräftig durchgekaut und mit ordentlich Spucke vermischt. Daraus formen die Bienen dann die Zellen.

Rund 16 Wachsplättchen brauchen die Bienen, um eine Zelle zu bauen. Zweimal muss eine Biene dafür schwitzen. Das kostet viel Kraft und deshalb bekommen die Baubienen in der Pause auch ein kräftiges Bauarbeiter-Frühstück aufgetischt. Woraus das besteht? Natürlich aus Honig! Um 100 Gramm Bienenwachs zu produzieren, müssen die Baubienen 1 Kilogramm Honig verspeisen. Guten Appetit, den habt ihr euch verdient!

Eine Bienenwabe besteht aus vielen Hundert sechseckigen Zellen aus Wachs. In den Zellen werden Honig und Pollen gelagert und die Larven aufgezogen.

INFO

Im Bienenstock ist es dunkel wie in einer Höhle. Bienen müssen also im Dunkeln arbeiten. Wie das geht? Sie benutzen ihre Fühler zum Tasten!

Der Wabenbau sieht aus wie ein lustiges Tänzchen, ist aber harte Arbeit!

BIENEN BRAUCHEN KEIN WERKZEUG

Ist es nicht erstaunlich, wie die Bienen es schaffen, perfekt gleich große sechseckige Zellen zu bauen? Früher dachte man, Bienen wären besonders gut in Mathe. Aber sie haben einfach nur tolle Tricks drauf. Zum Beispiel benutzen sie ihren Körper als Schablone, damit die Zellen die richtige Größe haben.

Wenn die Biene mit dem Bau beginnt, ist die Zelle zuerst rund. Ist eine Zelle fertig, schlüpft eine Heizerbiene rein und erwärmt das Wachs auf mehr als 40 Grad. Dafür fährt sie ihre Flügel aus und tut so, als würde sie fliegen. Tut sie aber nicht, sie bewegt nur ihre Muskeln! Dadurch wird der Biene heiß, die Temperatur in der Zelle erhöht sich und das Wachs wird weich. Das kennst du bestimmt von einer Kerze, oder? Wenn sich nun die runden Zellen berühren, entstehen zwischen ihnen automatisch gerade Wände. Du kannst das auch bei Seifenblasen beobachten. Wenn 2 Seifenblasen aneinanderhängen, entsteht dazwischen eine gerade Wand. Auf diese Weise formen sich quasi von alleine die sechseckigen Zellen.

EIN LOT IM PO

Bienen bauen ihre Waben immer senkrecht nach unten. Bauarbeiter benutzen ein Lot, um gerade Mauern zu bauen. Ein Lot ist eine Schnur, an der ein schweres Metallstück befestigt ist. Man hält die Schnur oben fest und lässt das Metallstück baumeln. Wenn es sich nicht mehr bewegt, hängt der Faden ganz gerade. Nun kann man genau sehen, ob zum Beispiel eine Mauer gerade ist oder ein Bild gerade hängt, indem man die Kante mit dem Faden vergleicht.

Bienen haben so ein Lot quasi im Popo eingebaut. Wie das funktioniert? Ganz einfach. Sie lassen ihren Hintern baumeln und der pendelt sich dann eben genau senkrecht ein. Ist das nicht toll?

EINE *Biene* WIRD GEBOREN

Im Bienenstock gibt es nur eine Mutter, das ist die Bienenkönigin. Sie kann als Einzige Eier legen und das tut sie bis zu 2.000 Mal am Tag. Aus jedem Ei schlüpft irgendwann eine Biene: eine Arbeiterin, ein Drohn oder eine Königin. Stell dir mal vor, deine Mutter hätte außer dir viele Tausend weitere Kinder. Und müsste sich um alle kümmern. Gott sei Dank muss die Bienenkönigin das nicht. Dafür hat sie Personal!

VOM EI ZUR JUNGBIENE

Die Geburt der Biene ist sehr spannend: Sie verwandelt sich zunächst vom Ei zur Larve, verpuppt sich dann und schlüpft schließlich als Jungbiene aus der Zelle. Aber wie läuft dieses Spektakel genau ab?

ICH HAB HUNGER!

Sobald die Königin ein Ei in eine Zelle gelegt hat, kommt eine Biene und kümmert sich darum. Nach 3–4 Tagen schlüpft aus dem Ei eine winzig kleine weiße Larve, die von ihren Schwestern mit Futtersaft versorgt wird.

LANGSAM WIRD'S ENG

Das gute Futter führt dazu, dass die winzige Larve schnell wächst und sich in eine dicke fette Rundlarve verwandelt. Am Ende wird es richtig eng in der Zelle. Sie ist jetzt 500 Mal so schwer wie das kleine Ei, aus dem sie sich entwickelt hat. Nun ist es Zeit, sich zu verpuppen. Dafür spinnt sie eine Hülle um sich, den sogenannten Kokon. Er schützt sie, während sie sich weiter zur Biene verwandelt.

Die Larve in der offenen Zelle wird sich bald verpuppen und wenige Tage später aus der Zelle schlüpfen, wie die Jungbiene in der Mitte.

Hier siehst du Puppen, die unterschiedlich weit entwickelt sind.

DIE GEBURT DER BIENE

ERST MAL ORDENTLICH AUSSCHLAFEN

Sobald die Larve sich komplett eingesponnen hat, machen die Ammenbienen die Zelle mit einem Wachsdeckel zu. Vor allen Blicken verborgen verwandelt sich die Larve dann in eine Biene. Das ist eine anstrengende Sache und ein großes Wunder. Zuerst verfärben sich ihre Augen. Sie sieht aus wie eine durchsichtige Biene. Dann wird der Körper immer dunkler. Die Flügel entwickeln sich zum Schluss.

ICH WILL HIER RAUS!

Wenn sie fertig ist, beißt sie von innen den Deckel ihrer Zelle auf. Frisch geschlüpft ist ihre Behaarung noch ganz wollig und teilweise verklebt, wie bei einem Küken. Die Ammenbienen helfen ihr aus der engen Zelle raus und versorgen sie direkt mit Futter. Eine neue Biene ist geboren und fängt, kaum auf der Welt, sofort damit an, sich selbst um den Nachwuchs zu kümmern.

KAUM GEBOREN, SCHON ERWACHSEN

Jetzt hast du gesehen, wie sich aus einem Ei eine Biene entwickelt. Aber wie lange dauert das eigentlich? Viel schneller, als du vielleicht denkst! Eine Arbeiterin schlüpft nach 21 Tagen, ein Drohn nach 24 Tagen. Am schnellsten geht es bei der Königin: Sie ist bereits nach 16 Tagen ausgewachsen – klar, bei dem tollen Kraftfutter, was sie bekommt! Es gibt dazu übrigens einen Merkspruch, den jeder Imker kennt: 3–5–8, dann ist die Königin gemacht. 3 Tage lang braucht das Ei, um sich zur Larve zu entwickeln, in 5 Tagen entwickelt sich die Larve zur Puppe und nach weiteren 8 Tagen schlüpft daraus dann eine Jungkönigin. Das kann man sich prima merken, nicht wahr?

DAS FUTTER MACHT DEN UNTERSCHIED

Wie kommt es jetzt aber, dass aus einem Ei eine Königin, ein Drohn oder eine Arbeiterin wird? Legt die Königin unterschiedliche Eier? Goldene Königinnen-Eier zum Beispiel? Nein, nein. Die Eier sehen alle gleich aus. Allerdings ist das Ei, aus dem ein Drohn wird, unbefruchtet. Ansonsten macht nur das Futter den Unterschied! Je nachdem, ob aus dem Ei eine Arbeiterin, ein Drohn oder eine Königin werden soll, wird die Larve von ihren Schwestern mit einem bestimmten Futtersaft versorgt. Die Königin bekommt vom ersten bis zum letzten Tag ihres Lebens ausschließlich Gelee Royal zu essen. Das ist ein sehr spezieller Saft, der im Körper der Arbeiterbienen gebildet wird. Die Königin wächst dadurch schneller und lebt auch viel länger als ihre Untertanen. Arbeiterbienen bekommen diesen Zaubertrank nur wenige Tage – danach werden sie nur noch mit einer Mischung aus Pollen und Nektar gefüttert.

Gelee Royal ist sehr teuer. Viele Menschen halten es für ein Wundermittel. Ich denke, wir sollten es lieber den Bienen lassen, denn für die Gewinnung müssen Bienenlarven sterben. Was meinst du? Und in eine Königin hat sich auch noch niemand verwandelt, der es probiert hat ...

WER KRIEGT WAS?

Aber woher wissen die Bienen denn, welche Larve sie mit welchem Futter versorgen sollen? Das erkennen sie an der Form und Größe der Zelle, in die die Königin das Ei gelegt hat. Auf Seite 64/65 hast du ja schon gelernt, wie die Bienen eine Wabe bauen. Diese besteht aus vielen sechseckigen Zellen. Außerdem bauen die Bienen auf der Wabe aber noch besondere Zellen: Drohnenzellen und Weiselzellen!

In den Drohnenzellen wachsen die Drohnen heran. Sie sind etwas größer als die normalen sechseckigen Zellen, in denen die Arbeiterinnen aufwachsen. In der Weiselzelle (auch Königinnenzelle genannt) wird die Königin aufgezogen. Sie sieht ganz anders aus als die anderen Zellen (mehr dazu erzähle ich dir auf der nächsten Seite).

DIE GEMÄCHER der Königin

Man könnte ja denken, dass eine Königin in großen Luxusgemächern wohnt. Bei der englischen Queen stimmt das wahrscheinlich auch – bei der Bienenkönigin sieht das anders aus. Ihr Zimmer ist nicht viel größer als das ihrer Untertanen. Aber wenigstens eine Extrawurst bekommt sie: Sie wird mit ganz besonderer Nahrung versorgt: dem Gelee Royal!

SO WOHNT DIE KÖNIGIN

Du hast ja schon gesehen, wie Bienen heranwachsen. Jede in einer kleinen Zelle, gerade mal so groß, dass eine Biene reinpasst. Als Luxuswohnung kann man das nun wirklich nicht bezeichnen. Naja, allzu lange müssen die Bienen es darin ja auch nicht aushalten.

Die Geburtsstätte der zukünftigen Bienenkönigin dagegen ist zumindest auf den ersten Blick deutlich komfortabler. Und sie sieht auch viel beeindruckender aus als all die gleich aussehenden sechseckigen Zellen. Die Weiselzelle, so nennt man die Zelle der Königin, ist ein 2 Zentimeter langes tropfenförmiges Röhrchen. Meist befindet sie sich am unteren Ende der Wabe. Wohnen mit Ausblick könnte man sagen. Ist aber Quatsch, weil so eine Königinnenzelle hat kein Fenster.

Auf den zweiten Blick ist die Wohnung der Königin allerdings kein bisschen komfortabler als die der Arbeiterinnen. Schließlich ist die Königin deutlich größer und braucht daher auch mehr Platz zum Wachsen. Genauso wie die Arbeiterinnen passt sie im ausgewachsenen Zustand gerade so in die Weiselzelle hinein.

Die Königinnenzelle sieht ganz anders aus als die normalen sechseckigen Zellen. Sie ist daher ganz einfach zu erkennen!

DIE Königin feiert HOCHZEIT

Die neue Königin ist gekrönt, aber wie geht es jetzt weiter? Ganz klar, sie braucht einen Mann. Aber nicht etwa zum Kuscheln. Die Königin hat nur eines im Sinn: Eier zu legen! Nur so kann ihr Volk überleben. Es muss also ein paarungswilliger Drohn her!

AUF GEHT'S ZUM HOCHZEITSFLUG

Direkt nach ihrer Geburt kann die Königin noch keine Eier legen. Sie ist noch Jungfrau. Aber die Arbeiterinnen drängeln schon wenige Tage nach ihrer Geburt darauf, dass sie endlich mal ein paar Jungs trifft. Sie schubsen die Jungkönigin freundlich Richtung Ausgang.

„Raus mit dir. Die Sonne scheint. Dein erstes und letztes Date wartet schon sehnsüchtig auf dich." Die Königin lässt sich nicht lange bitten. Sie macht ein paar kurze Erkundungsflüge, um später zum Bienenstock zurückzufinden, wirft sich ihr Hochzeitskleid über und auf geht's zum Hochzeitsflug.

Dafür sucht sie sich einen warmen, sonnigen, windstillen Tag aus. Nicht aus Sorge um ihre Frisur, sondern weil sie richtig weit fliegen muss und das ist an windstillen Tagen nun mal nicht so anstrengend wie bei Gegenwind.

HAT JEMAND MEINEN BRÄUTIGAM GESEHEN?

Obwohl die Königin erst ein paar Tage alt ist, weiß sie genau, wo die coolen Jungs abhängen. Sie warten hoch oben in der Luft an den sogenannten Drohnensammelplätzen. Woher sie weiß, wo diese Plätze liegen und warum sich alle Drohnen an diesen Plätzen treffen, hat man bisher noch nicht herausgefunden. Jedenfalls warten dort bis zu 20.000 paarungswillige Drohnen auf eine junge Königin.

PALASTREVOLTE

Wie du vielleicht weißt, danken Könige und Königinnen selten freiwillig ab. Die Bienenkönigin legt immerhin freiwillig ein Ei in eine Königinnenzelle, aus der 16 Tage später ihre Nachfolgerin schlüpfen wird. Und dabei weiß sie genau, dass in einem Bienenvolk nur Platz für eine Königin ist. Sie schaufelt sich also quasi ihr eigenes Grab. Tatsächlich wird sie kurz darauf von ihren eigenen Untertanen hinterrücks dahingemeuchelt. Und das, nachdem sie ihr ganzes Leben dem Fortbestand ihres Volkes gewidmet hat. So hast du dir ein Königinnenleben bestimmt nicht vorgestellt, oder? Aber so ist es im wahren (Bienen-)Leben.

Einen kleinen Trost habe ich aber noch: In manchen Völkern darf die alte Königin noch eine Weile leben und neben der neuen Königin ihre Rente genießen. Allerdings kommt das tatsächlich eher selten vor.

LIEBE AUF DEN ERSTEN BLICK

Sehr romantisch geht es beim Hochzeitsflug nicht zu. Kaum hat der erste Drohn die Königin erspäht, stürzt er sich auf sie und befruchtet sie im Flug. Dabei verliert er leider sein Leben. Während er tot zu Boden fällt, steht schon der nächste Bräutigam bereit. Auch er wird sterben und mit ihm noch 10–15 weitere Auserwählte. Die anderen 19.985 Drohnen gehen leer aus. Sie müssen auf die nächste Königin warten, dürfen dafür aber noch ein bisschen länger leben.

DAS LEBEN DER KÖNIGIN AUF EINEN BLICK

- Nur zweimal in ihrem Leben verlässt die Königin den Bienenstock: zur eigenen Hochzeit und wenn ihr Volk schwärmen will.
- Bis zu 20.000 Drohnen warten an den Sammelplätzen auf eine Königin.
- Die Königin paart sich mit 10–15 verschiedenen Drohnen.
- Die Paarung geschieht im Flug.
- Die Drohnen sterben nach der Paarung.
- Die Bienenkönigin lagert ca. 10 Millionen Spermien in ihrer Samenblase.
- Sie legt von Frühling bis Herbst jeden Tag 1.000–2.000 Eier.

JETZT SCHNELL NACH HAUSE

Sobald die Samenblase der Königin gut gefüllt ist, verliert sie das Interesse an den Jungs. Sie ist hungrig und müde und will nach Hause in ihren Bienenstock. Der Rückflug ist aber deutlich schwieriger als der Hinflug. Mit 10 Millionen Spermien im Gepäck fliegt es sich nicht so leicht und unbeschwert. Und die pummelrunde Königin ist ein gefundenes Fressen für Vögel und räuberische Insekten. Nicht jede Jungkönigin schafft es nach ihrem Hochzeitsflug unbeschadet zum Bienenstock zurückzukehren. Aber wenn sie es schafft, wird sie von ihrem Volk freudig begrüßt. Die Arbeiterinnen kümmern sich von nun an aufopfernd um sie. Sie wird gefüttert, gewaschen und umsorgt. Sobald sie sich von ihrem anstrengenden Ausflug erholt hat, beginnt sie damit, Eier zu legen, und hört für den Rest ihres Lebens nicht mehr damit auf. Von nun an legt sie von Frühling bis Herbst jeden Tag 1.000–2.000 Eier.

DAS LEBEN *eines Drohns*

PUH, BIN ICH MÜDE UND HUNGRIG …

… Kann ich bitte was zum Futtern kriegen? Ah, danke, das ist lieb von dir. Ich war heute wieder auf Brautschau. Wie jeden Tag. Habe mich mit den anderen Drohnen am Drohnensammelplatz hoch oben in der Luft getroffen. Bin Runde um Runde geflogen, in der Hoffnung, dass endlich einmal eine Jungkönigin vorbeifliegt. Heute war sogar eine da. Mann, war die schön. Ich war sofort hin und weg. Liebe auf den ersten Blick. Ehrlich. Ich bin schnurstracks zu ihr hingeflogen, um ihr mein Herz zu schenken, aber ich war natürlich nicht der Einzige und leider auch nicht der Schnellste. So 10–15 meiner Kumpel waren schneller. Die Glücklichen. Obwohl – jetzt sind sie tot. Aber sie haben ihre Aufgabe erfüllt und für jede Menge Bienen-Nachwuchs gesorgt.

Ich erinnere mich gerne an die ersten Tage, nachdem ich aus meiner Zelle geschlüpft bin. Meine Schwestern haben mich rund um die Uhr betüddelt und verwöhnt. Ab und an bin ich mal kurz rausgeflogen und hab mir die Umgebung eingeprägt.

Nach einer guten Woche war es damit aber vorbei. Die Mädels wollten, dass ich auf Brautschau gehe. Seitdem treffe ich mich Tag für Tag mit meinen Kumpels aus anderen Bienenvölkern und hoffe auf meine Chance bei einer zauberhaften Königin.

Vielleicht klappt es ja morgen. Denn ehrlich gesagt, die Alternative ist auch nicht so prickelnd. In ein paar Wochen werden meine Schwestern mich und alle meine Brüder hier rauswerfen. Drohnenschlacht nennen die das. Sobald es keine Jungköniginnen mehr gibt, werden wir nicht mehr gebraucht. Dann war's das mit uns. Selbst für uns sorgen und Futter suchen können wir nicht. Uns fehlt nämlich der Rüssel, um Nektar zu sammeln.

Aber noch ist es nicht so weit. Morgen ist ein neuer Tag. Eine neue Chance, eine Königin zu erobern und so für den Fortbestand von uns Bienen zu sorgen.

SCHWARM-Alarm!

Wenn du Schwarm hörst, denkst du vielleicht an den süßen Jungen oder das coole Mädchen aus der Nachbarklasse, aber darum geht es hier gerade nicht. Hier geht es natürlich um einen Bienenschwarm, also eine große, eine wirklich riesige Menge Bienen, die ein neues Zuhause suchen. Aber warum möchten die Bienen überhaupt umziehen?

UNRUHE IM BIENENHAUS

Bei gutem Frühlingswetter wird es ab April eng im Bienenhaus. Die Königin legt Eier wie verrückt, immer mehr Bienen drängeln sich auf den Waben, Sammelbienen schleppen jede Menge Nektar an, die Honigräume sind übervoll. Das Bienenvolk wird unruhig. Alle Zeichen stehen auf Schwarm.

Was ist überhaupt ein Schwarm? Wenn man den Duden aufschlägt, dann steht da: „Größere Anzahl sich (ungeordnet,) durcheinanderwimmelnd zusammen fortbewegender gleichartiger Tiere." Das trifft es sehr gut!

Ein Bienenschwarm besteht aus 10.000–30.000 Bienen, die aus dem Bienenstock herausschießen und sich gemeinsam mit einem lauten Brausen in die Luft erheben. Wie irre schießen sie in einer großen schwarzen Wolke kreuz und quer durcheinander. Es saust und braust, ein beeindruckendes Schauspiel. Wenn man so einen Bienenschwarm zum ersten Mal erlebt, kann einem schon ein bisschen bange werden.

Dabei gibt es nichts Friedlicheres als schwärmende Bienen. Wirklich. Die Bienen sind in dem Moment so sehr mit sich selbst beschäftigt, dass sie gar nicht auf die Idee kommen, jemanden zu stechen. Außerdem haben sie sich vorher im Bienenstock den Bauch randvoll mit Honig gefüllt: Voller Bauch sticht nicht gern. Für die Bienen ist ein Schwarm sowas wie die Party ihres Lebens.

10.000–30.000 Bienen machen sich beim Schwärmen auf den Weg – oft lassen sie sich nur wenige Meter von ihrem alten Zuhause nieder.

WER HAT DAS KOMMANDO?

Auch wenn die Schwarmwolke sehr chaotisch wirkt, folgt alles einem genauen Plan. Den kennt allerdings außer den Bienen niemand so wirklich. Tatsächlich hat man noch nicht genau verstanden, wer das Kommando zum Schwärmen gibt, wie sich die Bienen untereinander verständigen und wer entscheidet, wer mitfeiert und wer zu Hause bleiben muss.

Fest steht aber: Ohne Königinnenzelle kein Schwarm. Bevor sich die Bienen auf den Weg machen, muss im Stock zuerst eine neue Königin heranwachsen. Die alte Königin verlässt ja mit dem Schwarm das Haus und kommt auch nicht mehr zurück. Ohne Königin kann kein Volk überleben. Der Bau einer Königinnenzelle ist also das erste Zeichen dafür, dass ein Bienenvolk in Schwarmstimmung gerät. Meistens bauen die Bienen gleich mehrere Königinnenzellen. Je nach Größe des Volks machen dann mehrere Schwärme kurz hintereinander den Abflug.

EIN GUTER TAG ZUM SCHWÄRMEN

Ein paar Tage, bevor die neue Königin schlüpft, macht sich etwa die Hälfte der Bienen mit der alten Königin auf den Weg. Sie warten dafür einen schönen sonnigen Tag ab – wer feiert schon gerne bei miesem Wetter eine Gartenparty? Um die Mittagszeit herum geht es los. Die Bienen strömen aus dem Bienenstock und erheben sich zu einer riesigen Schwarmwolke. Wenn alle da sind, geht's los. Die Wolke wird dichter und kleiner und bewegt sich in eine bestimmte Richtung. Viel weiter als 100 Meter kommen die Bienen aber meistens nicht. Mein erster Schwarm ist gerade einmal 15 Meter weit geflogen und hat sich dann bei meinem Nachbarn im Apfelbaum niedergelassen.

VON DER WOLKE ZUR TRAUBE

Nach und nach lassen sich alle Bienen nieder. Dabei kuscheln sie sich ganz eng zu einer Bienentraube zusammen. Die Königin nehmen sie in ihre Mitte. Dort ist sie sicher vor gefräßigen Vögeln und anderen Gefahren. Das ist sehr wichtig für das Volk. Stirbt die Königin während des Schwarmvorgangs, ist die Party schlagartig vorbei und die Bienen fliegen wieder zurück in ihren alten Bienenstock.

Nicht alle Bienen machen bei der Kuschelorgie mit. Ein paar Dutzend Spurbienen suchen die Umgebung nach einem geeigneten Platz für ein neues Zuhause ab. Hat eine von ihnen etwas Passendes gefunden, kommt sie zurück und erzählt den anderen davon. Das macht sie, indem sie auf der Bienentraube, also auf den Körpern ihrer Schwestern, herumtanzt (mehr über die Tanzsprache der Bienen erzähle ich dir auf Seite 86/87). Je nachdem, wie überzeugend sie dabei ist, machen sich andere Spurbienen auf den von ihr beschriebenen Weg. Gefällt ihnen der neue Wohnort, kommen auch sie zurück und teilen ihren Schwestern den Weg dorthin durch Tanzen mit. Irgendwann sind genügend Bienen überzeugt. Der ganze Schwarm erhebt sich erneut in die Luft und fliegt zum neuen Zuhause.

WOHNUNG VERZWEIFELT GESUCHT

Die Suche nach Wohnraum ist heutzutage für die Bienen leider nicht einfach. Es gibt kaum noch geeignete Nistplätze für Bienen in der Natur. Wo gibt es denn noch Baumhöhlen oder größere Nischen in Gebäuden? Ersatzweise ziehen manche Völker in einen zusammengeklappten Sonnenschirm ein oder in einen vergessenen Strohhut, der im Baum hängt. Schon klar, dass das nicht lange gut geht.

Selbst, wenn die Bienen einen artgerechten Nistplatz finden, können sie aus verschiedenen Gründen nicht lange alleine überleben. Dazu erzähle ich dir auf Seite 110–113 mehr. Von daher ist es gut, wenn die Imkerin oder der Imker schnell zur Stelle sind und den Bienenschwarm einfangen. Wie das geht, kannst du dir auf den nächsten Seiten in der Fotostory anschauen.

Die Bienen lassen sich nieder und kuscheln sich ganz eng zusammen. Die Königin nehmen sie zum Schutz in ihre Mitte.

Einen **SCHWARM** einfangen

Neulich hat sich ein Bienenschwarm auf einem Baum in meinem Garten niedergelassen. Soll ich dir zeigen, wie ich ihn eingefangen habe? Dann komm mit!

Zuerst stelle ich meinen Scharmkasten direkt unter den Schwarm.

Dann schneide ich den Ast, auf dem sich der Schwarm niedergelassen hat, einfach ab.

Die Bienen bleiben bei der Aktion einfach friedlich sitzen.

Mit einem kräftigen Ruck schüttele ich die Bienen vom Ast in die Kiste.

Die Kiste fülle ich mit leeren Brutwaben.

Jetzt schnell den Deckel zumachen und die Kiste an ein ruhiges kühles Plätzchen stellen.

WENN DU EINEN SCHWARM ENTDECKST

Verhalte dich ruhig, solange der Schwarm noch in der Luft ist. Selbst wenn du mitten reingerätst, wird dir nichts passieren. Beobachte genau, wo sich der Schwarm niederlässt. Wähle dann die 112, das ist die Nummer der Feuerwehr, und beschreibe genau, wo sich der Schwarm befindet. Die Feuerwehr hat eine Liste mit Imkern und Imkerinnen, die Spezialisten im Einfangen von Bienenschwärmen sind. Wenn du selbst eine Imkerin oder einen Imker kennst, kannst du natürlich auch direkt dort anrufen.

Der neue Schwarm gehört übrigens dem, der ihn einfängt. Es gibt sogar ein Gesetz, das Imkern und Imkerinnen erlaubt, fremde Grundstücke zu betreten, um einen Schwarm einzufangen.

Vom TUTEN und QUAKEN

Während die alte Königin mit einem Teil ihres Volkes auf Wohnungssuche ist, spielen sich im Bienenhaus dramatische Szenen ab. Was ist dort bloß los?

NUR EINE KANN GEWINNEN

Die alte Herrscherin hat vor ihrem Abflug in mehrere Königinnenzellen Eier gelegt. Hier wachsen die neuen Königinnen heran. Aber wieso eigentlich Königinnen? Es gibt doch nur eine Königin im Bienenvolk. Gut aufgepasst! Genauso ist es. Und deshalb liefern sich die Jungköniginnen einen Kampf auf Leben und Tod, bei dem am Ende nur eine als Siegerin übrig bleibt.

Aber langsam und der Reihe nach. In den ersten Tagen nach dem Auszug der alten Königin ist es im Bienenstock sehr ruhig und friedlich. Die zurückgebliebenen Arbeiterinnen kümmern sich um den Nachwuchs. Die Sammlerinnen sammeln Nektar. Die Stockbienen verarbeiten ihn zu Honig. Alles geht seinen gewohnten Gang. Bis dann nach etwa einer Woche die erste Jungkönigin aus ihrer Zelle schlüpft und das Drama mit einem lauten Tuten beginnt.

Die Königinnenzellen sind gut an ihrer länglichen Form zu erkennen. Hier sitzen direkt 4 Königinnen in den Startlöchern.

ES KANN NUR EINE GEBEN

Kaum geboren, macht sich die Jungkönigin sofort auf die Suche nach ihren königlichen Schwestern. Nicht etwa, um diese freundlich zu begrüßen. Nein. Die junge Königin hat nur eins im Sinn – sie will alle anderen Königinnen im Volk beseitigen. Meucheln. Abservieren. Abmurksen.

Bei der Suche hilft ihr ein kleiner Trick. Sie ruft nach den Königinnen, die noch nicht geschlüpft sind. Für unsere Ohren hört sich das an wie ein lautes Tuten. Ihre Schwestern antworten darauf mit einem Quaken (ja wirklich!) und geben so ihr Versteck preis.

Ganz schön dämlich, könnte man sagen. Warum halten die anderen Königinnen nicht einfach die Klappe? Aber so ist es halt. Sie antworten, werden von der zuerst geschlüpften Königin in ihren Zellen gefunden und umgehend abgestochen.

GEHT ES AUCH OHNE MORD UND TOTSCHLAG?

Warum legt die alte Königin überhaupt Eier in mehrere Königinnenzellen, wenn doch nur eine neue Königin gebraucht wird? Dafür gibt es einen guten Grund. Manchmal leben so viele Bienen in einem Volk und es ist so eng, dass es nicht reicht, wenn ein einziger Schwarm das alte Volk verlässt. Die Bienen brauchen mehr Platz. Ein zweiter, dritter, vierter Schwarm muss das Volk verlassen. Natürlich nicht ohne Königin in seiner Mitte. Wie sollte der Schwarm denn sonst überleben? Erinnerst du dich? Die Königin ist ja die einzige Biene, die Eier legen und so für Nachwuchs sorgen kann.

Das Tüten und Quaken kann man sogar außerhalb des Bienenstocks hören. Die Königin erzeugt es mit ihren Flugmuskeln durch starkes Flügelzittern. Aber wie hören es die Bienen? Sie haben ja keine Ohren. Sie spüren es! Durch das Zittern der Flügel vibrieren die Waben.

Platzmangel im Bienenstock! Es wird Zeit, dass eine Jungkönigin mit einem Schwarm das Volk verlässt.

ZUTRITT VERBOTEN!

In großen Bienenvölkern verhindern deshalb die Arbeiterinnen zunächst das Gemetzel zwischen den Jungköniginnen. Sie halten die zuerst geschlüpfte Königin von den Zellen ihrer königlichen Schwestern fern und drängen sie nach draußen. Dabei wird sie ordentlich durchgeschüttelt. Zusammen mit ein paar Tausend Bienen verlässt die Jungkönigin dann, nicht ganz freiwillig, als Nachschwarm das Volk. Im Bienenhaus schlüpft die nächste Königin und das Spiel beginnt von vorn. Solange, bis endlich wieder genügend Platz im Haus ist. Die Entscheidung darüber treffen alleine die Untertanen. Die Königin muss sich ihrem Volk fügen. Das gibt es wohl auch nur bei den Bienen!

Sind dann immer noch mehrere Königinnenzellen besetzt, geht der Kampf weiter, und zwar so lange, bis nur noch eine einzige Königin übrig bleibt. Sie wird dann zur neuen Herrscherin gekrönt.

Ein JAHR mit den BIENEN

MÄRZ/APRIL

Die Winterbienen haben die Königin gut durch den Winter gebracht. Sobald die ersten Sommerbienen schlüpfen, geht ihre Zeit zu Ende. Mit etwas Glück sterben sie selig lächelnd in einer Frühlingsblume. Die Sommerbienen sammeln fleißig Nektar und legen erste Honigvorräte an. Im Stock werden wieder Drohnen geboren. Ende April steht manchmal schon die erste Honigernte an.

MAI BIS JULI

Im Bienenstock wird es jetzt richtig eng. Bis zu 50.000 Bienen leben in den Sommermonaten darin. Einige Völker entwickeln sich so stark, dass ein Teil der Bienen sich auf die Suche nach einer neuen Wohnung macht. Das nennt man Schwärmen. Vorher müssen sich die Bienen aber eine neue Königin heranziehen. Denn ohne Königin kann kein Bienenvolk überleben. Sie ist die Einzige, die für Nachwuchs sorgen kann.

AUGUST/SEPTEMBER

Im August ist das Bienenjahr schon fast vorbei. Während wir bei wunderbarem Sonnenschein im Freibad schwitzen und obwohl im Garten noch viele Blumen blühen, bereiten sich die Bienen auf die langen kalten Wintermonate vor. Aus den Eiern, die die Königin jetzt legt, werden in ein paar Wochen die langlebigen Winterbienen schlüpfen. Für die männlichen Bienen, die Drohnen, ist nicht nur das Jahr, sondern gleich das ganze Leben vorbei. Sie werden von den Arbeiterinnen aus dem Stock geworfen.

OKTOBER BIS FEBRUAR

Die Winterbienen kuscheln sich eng im Bienenstock zusammen. Man sagt, sie sitzen in der Wintertraube. Tatsächlich ist es eher eine Kugel, zu der sie sich über mehrere Waben verteilt zusammendrängen. In der Mitte, dort wo es am wärmsten ist, sitzt die Königin. Sie darf jetzt Pause machen vom anstrengenden Eierlegen. Ihr Hofstaat füttert und wärmt sie so lange, bis die Außentemperaturen wieder über 10 Grad Celsius liegen und das Bienenjahr erneut beginnt.

FEBRUAR/MÄRZ

Mit den ersten warmen Tagen beginnt das Bienenjahr von vorne. Sobald die Außentemperaturen über 10 Grad Celsius liegen, trauen sich die ersten Bienen aus dem Stock. Den ganzen Winter über konnten sie nicht raus. Jetzt müssen sie wirklich dringend mal für kleine Bienchen. Dabei erkunden sie gleich, ob es schon was zu Futtern gibt. Wenn sie genügend Pollen finden, beginnt die Königin sofort damit, Eier zu legen.

Tanzstunde IM BIENENSTOCK

Hast du dich schon einmal gefragt, wie sich Bienen miteinander unterhalten? Wie erzählt zum Beispiel eine Sammelbiene einer anderen, wo es den besten Nektar zu holen gibt? Mit Summen und Brummen oder wie die Bienenköniginnen mit Tuten und Quaken? Weder noch. Mit Tanzen!

HIER GIBT'S WAS ZU FUTTERN

Hat eine Biene eine besonders gute Nektarquelle gefunden, versucht sie, die anderen Bienen im Stock auch dorthin zu leiten. Das macht sie, indem sie den Ort und den Weg dorthin auf eine bestimmte Art und Weise vortanzt. Sie legt ein flottes Tänzchen aufs Parkett. Nee, Quatsch: auf die Wabe. Denn die Waben sind ja die Tanzfläche!

EIN TÄNZCHEN IM DUNKELN

Leider können die anderen Bienen den Tanz nicht sehen – im Bienenstock ist es ja total dunkel. Du hast ja schon gelernt, dass die Bienen Meister im Ertasten und Erspüren sind. Das hilft ihnen auch hier. Sie erspüren mit ihren feinen Härchen die Schwingungen, die durch das Tanzen entstehen.

DAS TANZALPHABET

Aber was können die anderen Bienen nun mit der Tanzaufführung anfangen? Ganz einfach. Die Biene hat 2 verschiedene Tänze im Programm: den Rundtanz und den Schwänzeltanz. Damit möchte sie ihren Schwestern unterschiedliche Dinge sagen.

RUNDTANZ

Wenn die Sammelbiene den „Rundtanz" aufführt, heißt das für ihre Schwestern: „Hey, in der Nähe gibt´s was Tolles zu futtern! Dafür müsst ihr nicht mal 100 Meter weit fliegen." Bis zu 10 Folgebienen stehen dabei am Rand der Tanzfläche (wie in der Disco) und verfolgen das Tänzchen. Wie schön sie tanzt und wie gut sie nach

Blütenduft riecht! Bald können sich die ersten Zuschauerinnen nicht mehr beherrschen, zuerst wippen sie nur ein bisschen mit dem Bein, dann gibt es kein Halten mehr und alle tanzen mit. Sobald der Tanz beendet ist, fliegen sie los und machen sich auf den Weg zur Futterquelle. Der Blütenduft, den die Tänzerin beim Tanzen versprüht hat, hilft ihnen, den Weg zu den Blumen zu finden.

SCHWÄNZELTANZ

Liegt die Futterquelle mehr als 100 Meter weit entfernt, tanzt die Sammelbiene den „Schwänzeltanz“. Aus diesem Tanz können die anderen Bienen sogar grob ablesen, in welcher Richtung sich die Futterquelle befindet. Das ist aber natürlich nicht so genau wie beim Navigationsgerät im Auto. Aber wenn sie einmal in der Nähe des Ziels sind, finden sie die Nektarquelle mit ihrem tollen Geruchssinn ohne Probleme.

Der Schwänzeltanz wird auch von den Spurbienen eines Bienenschwarms aufgeführt. Sie teilen der Königin und ihren Schwestern damit mit, dass sie ein perfektes neues Zuhause gefunden haben (schau dazu mal auf Seite 76).

BIENENTÄNZE

Beim Rundtanz tanzt die Biene einen Kreis, immer abwechselnd links- und rechtsherum. Je toller die Nahrungsquelle ist, desto wilder ist das Tänzchen.

Beim Schwänzeltanz läuft die Biene zunächst geradeaus und kehrt dann auf einem Bogen zum Ausgangspunkt zurück, mal rechtsherum, mal linksherum. Auf der geraden Strecke wackelt sie ordentlich mit dem Popo. Je doller sie „schwänzelt“, desto besser ist die Futterquelle.

Heute schon GEGRUSELT?

Bienen sehen ja wirklich niedlich aus! Aber wenn man sie von vorne anschaut, sind sie ganz schön gruselig. Die folgenden Exemplare könnten in jedem Horrorfilm die Hauptrolle spielen. Denen möchte ich ehrlich gesagt lieber nicht im Dunkeln begegnen. Aber Bienen sind ja Gott sei Dank keine Nachtschwärmer! Welche findest du am gruseligsten?

„Creepy!“
„OMG!“

WIE MACHEN *Bienen* HONIG?

Bienen interessieren sich nicht wirklich für unser Essen – das hab ich dir ja schon auf Seite 32 erzählt. Wir uns aber umso mehr für ihres. Den köstlichen Honig. Magst du ihn auch? Und hast du dich schon einmal gefragt, wie Bienen den überhaupt herstellen?

ERST MAL ZUTATEN EINKAUFEN

Bestimmt hast du schon einmal beobachtet, wie eine Biene in einer Blüte verschwindet und kurz darauf mit Blütenstaub bekleckert wieder herauskommt. Den Blütenstaub verstaut sie sorgfältig in ihren Pollenhöschen. Er wird für die Versorgung der Bienenbabys benötigt. Aber sie nimmt noch etwas anderes aus der Blüte mit: süßen Nektar zur Herstellung von Honig. Sie saugt ihn mit ihrem

Rüssel auf und transportiert ihn in ihrer Honigblase. Den Nektar bekommt sie übrigens nicht umsonst. Geld braucht sie keines, aber sie tut den Blüten dafür einen Gefallen. Sie verteilt deren Blütenstaub in anderen Blüten. Viele Pflanzen sind auf die Bestäubung durch Bienen und andere Insekten angewiesen, um Früchte und Samen anzusetzen. Das ist der Grund, warum sie süßen Nektar erzeugen. Sie locken damit die Bienen an. Das habe ich dir ja schon auf Seite 8/9 erzählt.

Blüten sind der Supermarkt für Bienen: Hier bekommen sie alles, was sie brauchen: Blütenstaub, Nektar und Honigtau

BLATTLAUS-PIPI

Hobie wird nicht nur vom süßen Nektar der Blüten angelockt. Ganz genauso gerne nascht sie an klebrigem Honigtau. Honigtau, was ist das denn nun wieder? Wenn du empfindlich bist, überspringe lieber den nächsten Satz. Honigtau ist nichts anderes als Blattlaus-Pipi. Tut mir leid, aber so ist es. Blattläuse saugen Pflanzensaft aus Laub- und Nadelbäumen und scheiden einen Teil davon wieder aus. Bienen sammeln den süßen Saft ein und machen daraus eine ganz besondere Honigsorte, den dunklen aromatischen Waldhonig.

TRANSPORT IN DIE HONIGFABRIK

Damit aus Nektar Honig wird, haben die Bienen noch eine ganze Menge Arbeit vor sich. Zuerst einmal sammelt die fleißige Honigbiene so lange Nektar, bis ihre Honigblase randvoll ist. Zurück im Stock gibt sie ihn über ihren Saugrüssel an eine Stockbiene weiter. Die gibt ihn der Nächsten, die wiederum der Nächsten und immer so weiter. Die Bienen bilden eine Transportkette vom Stockeingang bis in die Honigfabrik. Der Nektar wird aufgesaugt, runtergeschluckt und wieder hochgewürgt. Hört sich ein bisschen unappetitlich an, ist aber notwendig, damit sich Nektar in Honig verwandeln kann. Bei jedem Weitergeben wird er nämlich mit Enzymen, Eiweißen, Säuren und ein paar Geheimzutaten, die nur die Bienen kennen, vermischt.

Noch ist der Honig zu flüssig

Wenn die Mischung stimmt, wird der Junghonig im nächsten Schritt eingedickt. Noch enthält er viel zu viel Wasser und würde gären. Das Ergebnis wäre eine Art Honigwein und am Ende wären alle Bienen betrunken. Das wollen wir doch nicht. Also muss der Junghonig getrocknet werden. Das ist eine recht mühsame und zeitaufwendige Angelegenheit. Jeder kleine Tropfen wird mehrfach über den Rüssel ausgeschieden und wieder aufgesaugt. Du kannst dir das ein bisschen so vorstellen, wie wenn du eine Kaugummiblase platzen lässt, durchkaust und wieder eine neue Blase machst. Der Kaugummi wird davon nicht besser, der Honig schon.

Wenn die Stockbienen mit dieser Arbeit fertig sind, ist auch der Honig fast fertig. Aber er ist immer noch sehr flüssig. Im nächsten Schritt wird er dünn in leeren Zellen ausgebreitet. Hier warten schon ein paar Bienen. Sie schlagen kräftig mit den Flügeln und sorgen so dafür, dass noch mehr Wasser verdunstet. Immer wieder prüfen die Bienen den Wassergehalt und naschen dabei bestimmt auch ein bisschen. So wie du beim Plätzchenbacken am Teig, wenn gerade niemand hinschaut. Gib's zu!

Spannendes über Honig

- Um 1 Kilogramm Honig zu produzieren, müssen Bienen 4–6 Millionen Blüten besuchen.
- Dafür fliegen sie zwei- bis dreimal um die Erde – das tun sie natürlich nicht wirklich; aber eine so große Strecke kommt heraus, wenn man all ihre Flüge zusammenrechnet.
- In ihrem kurzen Leben produziert eine einzelne Biene 2–3 Gramm Honig.
- Ein ganzes Bienenvolk produziert in einem Sommer rund 300 Kilogramm Honig.
- Imker entnehmen davon 10–20 Prozent.
- Jeder Deutsche verspeist 1 Kilogramm Honig im Jahr.
- Honig kristallisiert nach einer Weile, das heißt er wird fest, verdorben ist er deswegen nicht; im Wasserbad bei 38 Grad Celsius wird er wieder flüssig.
- Aufgelöst in einem Glas heißer Zitrone hilft Honig super gegen Husten.

Perfekt gelagert

Erst wenn sie mit der Qualität des Honigs ganz zufrieden sind, wird er in eine neue Zelle umgefüllt und mit einem luftdichten Wachsdeckel verschlossen. So gelagert ist Honig fast unverderblich. Man hat tatsächlich schon mehr als tausend Jahre alten Honig gefunden, den man noch essen konnte. Es kommt allerdings wirklich selten vor, dass Honig so alt wird. Meist findet er sehr schnell Abnehmer. Einen Teil der Honigvorräte holt sich der Imker und vom Rest ernähren sich die Bienen im Winter.

IMKERN ist toll!

In diesem Kapitel nehme ich dich mit zu meinen Bienen! Ich erzähle dir, was ein Imker genau macht und wie er den Bienen hilft, was ein Bienenstock ist, wie man Honig erntet und was man alles Tolles aus Bienenwachs machen kann.

DIE ARBEIT des Imkers

Jetzt hast du schon sehr viel über Honigbienen gelernt. Vielleicht hast du ja beim Lesen Lust bekommen, selbst zu imkern. Imkernachwuchs wird nämlich dringend gebraucht! Oder du möchtest mehr darüber wissen, was ein Imker macht. Auf den folgenden Seiten erzähle ich dir mehr darüber.

WAS MACHT EIN IMKER?

Imker sind Menschen, die Honigbienen züchten. Der Imker stellt den Honigbienen ein Zuhause zur Verfügung, dafür liefern die Bienen ihm Honig. Ok, das machen sie nicht ganz freiwillig, aber so ist der Deal.

Dabei brauchen die Bienen den Menschen eigentlich nicht. Und egal, wie viel sich der Imker mit seinen Bienen beschäftigt, ob er ihnen etwas vorsingt oder nett mit ihnen quatscht: Die Biene bleibt ein Wildtier. Sie lässt sich nicht zähmen wie andere Nutztiere. Sie kommt nicht zum Kuscheln auf die Gartenliege und lässt sich auch keine Kunststückchen beibringen.

Ich hatte dir auf Seite 56 ja schon erzählt, dass die Honigbiene viele Millionen Jahre wild im Wald gelebt hat. Das könnten die Honigbienen natürlich auch heute noch, aber ihr Leben wäre dann viel anstrengender. Bienen finden in der Natur leider oft nicht mehr das, was sie brauchen – weder geeignete Brutplätze noch Nahrung. Und seit einigen Jahrzehnten kämpfen sie außerdem gegen einen neuen Feind: die Varroamilbe. Gegen diesen Parasiten haben sie ohne die Hilfe des Imkers keine Chance. Mehr dazu erzähle ich dir ab Seite 110.

Ich könnte stundenlang zusehen, wie meine Bienen aus dem Stock rausfliegen und vollgepackt mit Pollen und Nektar zurückkehren.

IMKERN MACHT SO VIEL SPAß!

Ich werde öfter gefragt, wie ich dazu gekommen bin, Bienen zu halten. Bei mir war der Besuch bei einer Imkerin an ihrem Bienenstand ausschlaggebend. Sie war so begeistert von ihren Bienen und hat mich damit sofort angesteckt. Bis ich eigene Bienen hatte, hat es dann nochmal 2 Jahre gedauert.

Zuerst habe ich alles Mögliche über Bienen gelesen und mich mit anderen Imkern über die verschiedenen Möglichkeiten der Bienenhaltung unterhalten. Irgendwann war klar, das will ich auch machen. In meinem Garten war genügend Platz für 3–4 Bienenvölker. Ein Imker in der Nähe hat mir seine Unterstützung angeboten. Ein anderer hat mir 2 Bienenvölker verkauft. So fing alles an und ich bin heute noch genauso begeistert wie am Anfang!

EIN KURS FÜR IMKERSCHÜLER

In jeder größeren Stadt gibt es einen Imkerverein. Dort werden Kurse für Jungimker angeboten. Sie dauern in der Regel eine Bienensaison, also vom Frühjahr bis zum Herbst. Je nach Anbieter trifft man sich an 6–10 Tagen für jeweils 2–3 Stunden.

Ich habe keinen Imkerkurs besucht, würde es aber jedem empfehlen, der mit dem Imkern anfangen will. Alleine schon, um herauszufinden, ob die Arbeit mit den Bienen wirklich das Richtige für einen ist. Mit dem Bienenvolk übernimmt man immerhin die Verantwortung für 50.000 Lebewesen.

In einem Kurs lernt man die Abläufe des ganzen Bienenjahres ganz praktisch am Bienenstand kennen. Es ist etwas ganz anderes über das Leben der Bienen zu lesen, als in einen vor Bienen wimmelnden Bienenstock hineinzuschauen, das Summen der Bienen zu hören und den Stockgeruch zu riechen. Das vergisst man so schnell nicht. Oft kann man am Ende des Kurses direkt ein kleines Bienenvolk mitnehmen.

EIN ZEITAUFWENDIGES HOBBY?

Für die Betreuung eines Bienenvolkes muss man mit 10–15 Stunden Aufwand im Jahr rechnen. Das ist gar nicht so viel, oder? Die meiste Zeit fällt in der Schwarmzeit zwischen April und Juli an. Da muss man einmal in der Woche nachschauen, wie es den Bienen geht. Danach ist, außer der Honigernte, nicht mehr viel zu tun.

Ohne Schutzanzug geht gar nichts – Bienenstiche tun nämlich höllisch weh!

KOSTEN FÜR DIE IMKER-ERSTAUSSTATTUNG

Mal eben so schafft man sich Bienenvölker und die dazugehörige Imkerausrüstung nicht an. Es ist kein ganz günstiges Hobby. Ich habe mir das am Anfang mit einer Freundin geteilt. Mit vier Händen wird auch die Arbeit am Bienenstock einfacher und überhaupt macht alles zusammen noch viel mehr Spaß.

Insgesamt kommt man bei 2 Bienenvölkern auf ca. 1.000 Euro für die Erstausstattung:

- Für einen Ableger, also für ein Bienenjungvolk, muss man mit ca. 140 Euro rechnen.
- Dazu kommt die Behausung für die Bienen, der sogenannte Bienenstock oder Beute (ab Seite 101 erzähle ich dir mehr dazu). Die Beute ist ab ca. 100 Euro zu haben. Es lohnt sich, nach gebrauchten Beuten zu schauen.
- Rähmchen, Wachs für die Mittelwände, ein Smoker, ein Imkeranzug, Handschuhe, ein Stockmeißel, Bienenflucht, extra Honigräume usw. schlagen noch einmal mit ca. 400 Euro zu Buche.

Wenn man den Honig verkauft, bekommt man einen Teil der Ausgaben wieder zurück. Über die Jahre halten sich Kosten und Ausgaben bei 2–5 Bienenvölkern so in etwa die Waage.

So kannst du helfen!

Selbst Imkern ist nichts für dich, aber ihr habt einen Garten, in dem genug Platz für ein paar Bienenvölker wäre? Viele Imker freuen sich über einen guten Standplatz. So könnt ihr Honigbienen unterstützen und bekommt am Ende zum Dank von dem Imker oder der Imkerin ein paar Gläschen Honig geschenkt.

Das Wichtigste: der Bienenstock!

Handschuhe schützen vor Stichen und klebrigen Händen.

Auch Stockmeißel und Smoker braucht man fürs Imkern.

INFO

Auf einer Wabe, also einem Rähmchen, haben etwa 9.000 Zellen Platz. Das Brutnest erstreckt sich je nach Jahreszeit über 5–7 Waben. Im Mai/Juni wohnen also bis zu 50.000 Bienen in einem Stock. Woooah!

SO SIEHT'S AUS
im Bienenhaus

Imker nennen das Haus, in dem die Bienen wohnen, „Bienenstock“ oder „Bienenbeute“. Vielleicht hast du ja schon einmal einen Bienenstock gesehen. Er sieht aus wie ein eckiger Kasten und besteht aus mehreren Etagen. Meistens ist er aus Holz. Komm, wir schauen uns das Bienenhaus mal genauer an!

DER BIENENSTOCK

Ich hab dir ja schon erzählt, dass schon die alten Ägypter vor etwa 5.000 Jahren scharf auf den Honig der Bienen waren. Sie boten den Bienen Röhren aus Ton als neues Zuhause an. So mussten sie nicht mehr auf Bäumen rumklettern, um an den Honig zu kommen. Auch ausgehöhlte Baumstämme wurden als Bienenhaus angeboten. Diese Behausungen hatten aber einen großen Nachteil: Bei der Honigernte wurden die meisten Waben zerstört. Die heutigen Bienenstöcke sind so raffiniert gebaut, dass das nicht mehr passiert. Aber wie sieht so ein Bienenstock eigentlich aus?

Auf diesen Holzrähmchen bauen die Bienen Waben.

WIE IST EIN BIENENSTOCK AUFGEBAUT?

Ein Bienenstock besteht, ganz einfach gesagt, aus mehreren Kisten, die oben und unten offen sind. Die Kisten werden von den Bienen unterschiedlich benutzt. In einer Kiste dreht sich alles um den Nachwuchs, eine andere ist die Vorratskammer für den Honig. In die Kisten hängt der Imker mehrere Holzrähmchen, auf denen die Bienen dann die Waben bauen.

Die Holzrähmchen hängen nebeneinander in den Kisten.

AUF DER NÄCHSTEN SEITE SCHAUEN WIR UNS DEN BIENENSTOCK GANZ GENAU AN!

STARTEN UND LANDEN

Das Anflugbrett ist die Start- und Landebahn für die Sammelbienen. Manchmal gönnen sie sich hier auch noch ein kleines Päuschen, bevor sie Nektar und Pollen im Stock abliefern. Kein Wunder, Sammeln und Fliegen ist bestimmt ganz schön anstrengend!

HIER KOMMT NICHT JEDER REIN

Der Eingang wird rund um die Uhr von grimmig blickenden Wächterbienen bewacht. Die passen gut auf, dass niemand ohne Erlaubnis in ihr Volk eindringt. Zum Beispiel eine freche Wespe oder gar eine hungrige Hornisse.

DAS REICH DER KÖNIGIN

Im Brutraum dreht sich alles um den Nachwuchs. Die pummeligen Drohnen chillen faul herum, aber der Rest des Bienenvolkes ist sehr beschäftigt. Die Königin legt Ei für Ei in die Zellen der Waben, die die Arbeiterinnen vorher auf den Rähmchen gebaut haben. Ihr Hofstaat begleitet sie dabei und nimmt ihr den ganzen lästigen Alltagskram ab.

Außerdem kümmern sich die Arbeiterinnen um die Brutpflege. So viel Nachwuchs will natürlich auch ordentlich was zum Futtern haben. Die Bienen legen daher auf jeder Wabe noch einen Futterkranz aus Pollen und Honig an. Praktisch, so haben sie es nicht so weit bis zum Vorratsschrank im Honigraum.

Ein paar Zellen bleiben frei. Müde Ammenbienen können darin ein kleines Nickerchen halten. Kurzfristig wird hier auch mal frischer Nektar gelagert. Und wenn es im Kinderzimmer zu kalt wird, schlüpfen Heizerbienen in die leeren Zellen und wärmen die Luft durch pumpende Bewegungen mit ihrem Hinterteil wieder auf.

Hochbetrieb auf dem Flugplatz

Ausweiskontrolle am Eingang des Bienenstocks

Hier siehst du eine Wabe aus dem Brutraum. In der Mitte befinden sich die Brutzellen mit den Eiern. Sie sind jeweils mit einem Wachsdeckel verschlossen. Da schlüpfen in den nächsten Tagen ein paar Tausend Bienchen raus. Drumherum siehst du den Futterkranz.

Die Vorratskammer

Schauen wir mal, was im zweiten Stock so los ist. Hier befindet sich die Vorratskammer. Die Bienen lagern hier den hergestellten Honig ein. Oder besser gesagt: den Honigüberschuss, der nicht direkt für die Aufzucht der Baby-Bienen und der täglichen Verpflegung des Bienenvolks benötigt wird. Die mit Honig gefüllten Waben duften wirklich unbeschreiblich gut. Man kann das sogar von außen riechen, wenn man hinter einem Bienenstock steht.

Bei der Honigernte wird der Honigraum abgenommen und die Rähmchen mit den Honigwaben werden zum Schleudern gegeben. Schleudern? Was soll das denn sein? Keine Angst, das erzähle ich dir ab Seite 107 ganz genau. Danach werden die Rähmchen wieder in den Honigraum gehängt. Und alles geht von vorne los.

Je nach Größe des Volkes und wenn die Bienen im Sommer besonders fleißig sind, reicht ein einziger Honigraum nicht aus. Ob meine Bienen fleißig sind? Und wie! Das siehst du unten auf dem Foto daran, dass ich zwei Honigräume aufgesetzt habe.

Die Königin muss draußen bleiben

Zwischen dem Brutraum und dem Honigraum befindet sich ein Absperrgitter. Arbeiterinnen passen dort problemlos durch. Für die Königin ist es aber zu eng – da kann sie sich noch so quetschen. Die Königin soll schön im Brutraum Eier legen. Im Honigraum wird sie nicht gebraucht. Durch das Gitter sorgt der Imker dafür, dass der Brut und der Königin nichts passiert, wenn er den Honig erntet.

Schutz vor Wind und Wetter

Auf die oberste Kiste kommt noch ein Deckel, der dafür sorgt, dass es im Bienenstock nicht zu warm oder kalt wird und dass kein Regen hineinkommt.

KOMM, ICH ZEIG DIR meine Bienen!

Meine Honigbienen sind vor 5 Jahren bei mir eingezogen.
Sie machen mir so viel Freude und ich denke, sie fühlen sich bei mir auch wohl.
Magst du sie mal sehen?

Meine Bienen stehen ganz hinten in meinem Schrebergarten. Zurzeit leben 3 Bienenvölker bei mir.

Hier siehst du mich beim Vorbereiten der Honigräume. Kannst du dir vorstellen, dass all die Kisten bald mit Honig gefüllt sind?

Bevor ich am Bienenstock arbeite, zünde ich meinen Smoker an. Mit dem Rauch beruhige ich die Bienen. Sie denken, dass es brennt und schlagen sich vorsichtshalber den Bauch mit Honig voll – könnte ja sein, dass sie vor dem Feuer fliehen müssen. So vollgefuttert sind sie ziemlich entspannt und warten in Ruhe ab, wie es weitergeht. Und lassen mich ziemlich in Ruhe.

Von April bis Juli schaue ich einmal in der Woche in meine Völker rein. Den roten Stockmeißel brauche ich, um die festgeklebten Rähmchen zu lösen.

Hier schaue ich mir einzelne Waben an. Prüfe, ob die Königin fleißig Eier legt und ob es dem Volk gutgeht.

Manchmal sind die Bienen schneller als ich. Hier haben sie eine wilde Wabe an den Deckel gebaut, bevor ich ein neues Rähmchen einhängen konnte.

Bienen sind fleißige Baumeister. Hier seht ihr einen Bautrupp in Aktion.

Und hier das Ergebnis nach 2 Tagen!

Im Sommer herrscht reger Flugbetrieb vor dem Bienenstock.

Die Sammelbienen kommen mit gut gefülltem Honigmagen und dicken Pollenhöschen zurück.

Ich könnte den ganzen Tag hier stehen und meinen Bienen bei der Arbeit zusehen!

AUF DEM WEG ZUR HONIGSCHLEUDER,
DAFÜR FAHRE ICH ZU MEINEM IMKERVEREIN.

HONIG VON meinen Bienen

In meinem ersten Jahr als Imkerin konnte ich die Honigernte kaum erwarten. Ich habe mich gefühlt, wie du wahrscheinlich am Tag vor deinem Geburtstag. Immer wieder habe ich nachgeschaut, ob der Honig schon erntereif ist. Eigener Honig, von meinen Bienen, wie aufregend! Aber wie kommt der Honig vom Bienenstock auf den Frühstückstisch?

HONIG ERNTEN

Als Erstes muss der Honig geerntet werden. Dazu müssen die Bienen raus aus den Honigräumen. Am besten alle. Daher lege ich am Tag vor der Ernte zwischen dem Brutraum und dem untersten Honigraum eine sogenannte Bienenflucht ein, ein rundes Plastikteil mit Löchern und einem gewundenen Gang. Das ist so was wie eine Bieneneinbahnstraße. Wenn die Bienen mal für kleine Mädchen müssen, können sie zwar den Honigraum über die Bienenflucht verlassen und über den Brutraum nach draußen fliegen. Aber der Rückweg zum Honig ist versperrt. Innerhalb von 24 Stunden sind so die meisten Bienen aus den Honigräumen verschwunden und ich kann sie abnehmen.

HONIG SCHLEUDERN

Und wie bekommen wir den Honig nun aus den Waben? Mit den bienenfreien Honigräumen fahre ich zu meinem Imkerverein. Dort steht eine sogenannte Honigschleuder, die von allen Vereinsmitgliedern kostenlos genutzt werden darf. Ein super Angebot, das ich gerne annehme. Ich besitze nämlich keine eigene Honigschleuder. Für 3 Völker lohnt sich das nicht wirklich.

Die Honigschleuder ist eine tolle Erfindung! Mit ihr bekommt man den Honig ganz einfach aus den Waben. Und die Waben werden dabei nicht zerstört.

Erdbeeren können geerntet werden, wenn sie schön rot sind. Dann sind sie richtig reif. Auch bei vielen anderen Früchten kann man an der Farbe erkennen, ob sie reif sind. Aber wie erkenne ich, dass Honig reif ist? Ganz einfach: Wenn mindestens zwei Drittel der Zellen einer Wabe verdeckelt, also mit Wachsdeckeln verschlossen sind.

Waben entdeckeln

Bevor die Honigschleuder zum Einsatz kommt, müssen aber zuerst alle Honigwaben entdeckelt werden. Auf Seite 92 hast du ja schon gelernt, dass die Bienen den fertigen Honig mit einem Wachsdeckel luftdicht verschließen. Dieser Deckel muss weg. Das ist eine ganz schön klebrige Angelegenheit, aber nicht weiter schwierig. Nach ein paar Fehlversuchen hat man heraus, wie man die Entdeckelungsgabel am besten hält und über die Waben führt.

Jetzt geht's rund

Wenn die Waben entdeckelt sind, kommen sie in die Honigschleuder. Und los geht die wilde Fahrt! Der Schleuderkorb dreht sich in einer affenartigen Geschwindigkeit und schleudert den Honig aus den Waben an die Wand der Schleuder. Der Honig fließt dann an den Wänden herunter und durch eine Öffnung hinaus in ein Auffanggefäß.

Ich liebe den Moment, wenn der goldgelbe Honig aus der Schleuder in den Honigeimer fließt. Der ganze Raum riecht dann nach Honig und Bienenwachs und ich fühle mich, als hätte ich das alles selbst gesammelt. Wäre in den letzten Wochen selbst von Blüte zu Blüte geflogen. Hätte den süßen Nektar in die Waben getragen … Dabei bin ich doch nur die Honigdiebin. Aber eine sehr glückliche in dem Moment. Wäre da nicht das Aufräumen … Alle Geräte und der ganze Raum müssen nämlich nach dem Schleudern gründlich gereinigt werden. Kinderzimmer aufräumen ist ein Klacks dagegen. Das kannst du mir glauben.

SO WIRD HONIG GESCHLEUDERT

Von den eigenen Bienen schmeckt der Honig doppelt lecker!

HONIG ABFÜLLEN

Nach dem Schleudern muss der Honig noch 1–2 Tage ruhen. Dabei steigt die Luft, die durch das Schleudern in den Honig gekommen ist, nach oben und kann als Schaum abgeschöpft werden. Den esse ich sehr gerne auf einem knusprigen Brötchen. Es gibt ihn aber nicht zu kaufen. Du musst schon einen Imker oder eine Imkerin kennen oder selbst imkern, um in den Genuss zu kommen.

Der Honig wird dann in einen großen Behälter aus Edelstahl umgefüllt und bequem durch einen Zapfhahn in Gläser abgefüllt. Ich zapfe meistens nach Bedarf, immer nur so viele Gläser, wie ich gerade brauche.

ZURÜCK ZUM BIENENSTAND

Die ausgeschleuderten Honigräume setze ich direkt wieder auf den Bienenstock. Die Bienen schlecken die Honigreste aus den Waben und beginnen sofort wieder damit, die Honigwaben zu füllen. Bei gutem Sammelwetter sind die Waben ein paar Wochen nach dem Schleudertermin schon fast wieder vollständig gefüllt.

WAS Bienen KRANK MACHT

Leider werden auch Bienen mal krank. Sie bekommen kein Halsweh, auch keine Bauchschmerzen. Es ist viel schlimmer. Sie können von einer winzig kleinen Milbe befallen werden. Viele Bienen sterben sogar daran. Damit das nicht passiert, brauchen sie die Hilfe des Imkers.

DIE BIENEN-APOTHEKE

Bienen produzieren so viele gesunde Dinge:

- Ihr **Honig** ist ein wahres Power-Food. Er gibt uns Energie. Er hilft uns bei Halsweh und Erkältungen. Er lässt Wunden schneller heilen.
- **Bienenwachs** wirkt antibakteriell. In Form von Bienenwachstüchern hält es unser Essen frisch. Als Lippenstift pflegt es unsere Haut. Als Kerze schenkt es uns Licht und einen wunderbaren Geruch.
- Und dann ist da noch das Wundermittel **Propolis**, das die Bienen aus dem Harz von Knospen und Baumwunden herstellen. Sie nutzen es, um Öffnungen, Spalten und Ritzen abzudichten. Bei uns Menschen soll es gegen Bakterien und Viren wirken, zum Beispiel gegen die fiesen Herpesviren. Es hilft bei Hautkrankheiten und bei lästigem Husten.

Man könnte denken, umgeben von so viel gesundem Zeugs können Bienen gar nicht krank werden. Aber leider stimmt das so nicht. Oder zumindest nicht mehr. Über viele Jahrhunderte und Jahrtausende sind Bienen ziemlich gut alleine klargekommen. Natürlich sind sie auch mal krank geworden, hatten aber auch gute Strategien, um wieder gesund zu werden. Aber seit ein paar Jahrzehnten kämpfen die Honigbienen gegen einen Feind, gegen den sie ohne unsere Hilfe nicht gewinnen können: die Varroamilbe!

DIE VARROAMILBE

Dieser fiese Bienenschädling wurde 1977 zum ersten Mal in Deutschland nachgewiesen und hat sich rasend schnell ausgebreitet. Varroa destructor, der Name sagt wirklich schon alles, ist wahrscheinlich als blinder Passagier mit der Transsibirischen Eisenbahn nach Europa gelangt.

Ursprünglich lebte die Milbe in Südostasien. Die dort heimische östliche Honigbiene hat über die Jahrhunderte Wege gefunden, mit dem Unhold umzugehen. Sie kann zum Beispiel riechen, ob eine Brutzelle befallen ist und sorgt dann mit einer extradicken Wachsschicht dafür, dass die Milbe nicht mehr aus der Brutzelle rauskommt. Unsere Bienen haben diese Tricks leider nicht drauf. Man versucht schon länger, Bienenrassen zu züchten, die sich alleine gegen die Varroamilbe wehren können. Bis jetzt ist das aber leider nicht gelungen.

Die Afrikanisierte Honigbiene kommt mit Milbenbefall deutlich besser zurecht als ihre europäischen Schwestern. Ihr Beiname lautet Killerbiene – muss ich mehr sagen? Auch einige Bienenpopulationen in Gotland (Schweden), Avignon (Frankreich) sowie die russischen Primorski-Bienen können den Milbenbefall besser vertragen als die in Deutschland verbreiteten Sorten.

IMMER AUF DIE KLEINEN

Varroamilben interessieren sich in erster Linie für Bienenbabys. Erwachsene Bienen benutzen sie nur als Transportmittel und um ein bisschen Blut zu zapfen. Auf den ersten Blick sieht die Milbe winzig aus. Aber um dir mal einen Vergleich zu geben: Wären wir von einem ähnlich großen Schädling befallen, wäre er so groß wie ein Hase. Kein schöner Gedanke, einen blutsaugenden Hasen auf dem Rücken herumzutragen, oder?

Bienenlarven, die von Varroamilben befallen sind, bleiben kleiner als ihre milbenfreien Schwestern. Sie leben kürzer und haben ein schlechteres Gedächtnis. Das führt dazu, dass sie nicht mehr sicher in den Bienenstock zurückfinden. Außerdem sind sie anfälliger für Viruskrankheiten.

Leider gibt es in Deutschland inzwischen keine Bienen mehr, die nicht von Varroamilben befallen sind. Jeden Winter sterben 20–30 % aller Bienenvölker an dem Schädling. Ohne Behandlung durch einen Imker hat ein Bienenvolk kaum eine Überlebenschance.

BITTERE MEDIZIN

Für die Varroabehandlung gibt es verschiedene Möglichkeiten. Die Bienen werden dabei den Dämpfen einer Säure ausgesetzt oder mit einer Mischung aus Säure und Zucker beträufelt. Die Varroamilbe überlebt den Kontakt mit der Säure nicht. Mindestens zwei solcher Behandlungen müssen die Bienen in einem Jahr über sich ergehen lassen.

Das ist natürlich nicht besonders angenehm. Die meisten Bienen überleben die Behandlung zwar (wäre sonst ja auch ziemlich sinnlos), aber nicht völlig ohne Verluste. Und ganz lässt sich die Milbe damit auch nicht in den Griff kriegen.

So klein ist die Varroamilbe!

Auf der Larve sitzt eine Varroamilbe. Ohne die Hilfe des Imkers hätte die Larve keine Chance.

EIN PROBLEM KOMMT SELTEN ALLEIN

Die Varroamilbe bedroht ausschließlich die Gesundheit der Honigbiene. Wildbienen kann sie nichts anhaben. Aber es gibt eine zweite Gefahr, die sowohl die Honig- als auch die Wildbienen bedroht: Pestizide und Insektizide. Diese Mittel werden auf unseren Äckern und in unseren Gärten gegen Unkraut und unerwünschte Schadinsekten eingesetzt. Sie schaden aber auch den Bienen! Zum Beispiel verlieren sie von manchen dieser Gifte ihr Gedächtnis und finden nicht mehr nach Hause.

In einem insektenfreundlichen Bio-Garten haben solche Dinge nichts zu suchen. Unkraut kann man von Hand ausrupfen. Das ist zwar ein bisschen langweilig, aber man kann gut dabei nachdenken. Und gegen Schädlinge helfen Hausmittel aus der Kräuterküche meist genauso gut wie die Mittel aus dem Giftschrank.

Bienenwachs IST SUPER!

Bei der Arbeit an den Bienen fällt immer wieder etwas Bienenwachs an. Zum Beispiel die Wachsdeckel, die ich vor dem Honigschleudern entferne. Die ganzen Wachsreste sammle ich in einer großen Box. Daraus kann man nämlich tolle Sachen machen. So wie das Wachs ist, kann ich es aber nicht direkt verwenden. Verunreinigungen wie Honigreste, Pollen, Bruthäutchen und Ameisen müssen raus. Ich muss es also zuerst reinigen. Das mache ich im Herbst, wenn die Bienen schon in ihrem Stock eng zusammengekuschelt auf das Frühjahr warten. Willst du wissen, wie das geht?

BIENENWACHS REINIGEN

Das Wachs wird zuerst mal geschmolzen. Ich mache das in einem alten Entsafter. Der Entsafter besteht aus 3 Teilen. In die untere Etage kommt das Wasser. In die obere Etage kommen die Wachsreste. In der mittleren Etage sammelt sich dann das geschmolzene Wachs.

TIPP

Der Entsafter und das Wachs werden sehr heiß! Lass dir bitte von einem Erwachsenen helfen.

Das geschmolzene Wachs fließt durch einen Schlauch in einen Auffangbehälter. Grober Dreck bleibt im Sieb in der oberen Etage liegen. Feinerer Dreck wird durch eine alte Damenstrumpfhose oder einen Wäschebeutel, den ich über den Auffangbehälter spanne, herausgefiltert.

Ganz sauber ist das Bienenwachs jetzt leider immer noch nicht. Aber weil die Schmutzpartikel schwerer sind als das Wachs, setzen sie sich an der Unterseite des Wachsblocks ab. Dort kratze ich sie im nächsten Schritt mit einem Messer ab.

Je nachdem, wie stark das Bienenwachs verunreinigt war, muss ich die Blöcke ein paarmal einschmelzen und filtern. Beim letzten Schmelzvorgang mische ich etwas Zitronensäure unter das Wasser. Die Säure bindet auch feine Schwebstoffe und das Wachs wird schön hellgelb.

DAS KANNST DU AUS BIENENWACHS MACHEN

- Wunderschöne Kerzen in allen möglichen Formen. Die duften unwahrscheinlich gut. Kein Vergleich zu Kerzen aus künstlichem Wachs oder zu den aufdringlich riechenden Duftkerzen.
- Bienenwachstücher zum Einwickeln von Lebensmitteln. Das ist viel umweltfreundlicher als Plastik oder Alufolie. Die Tücher kann man über einen langen Zeitraum verwenden und sie halten die Sachen wunderbar frisch.
- Auch in Kosmetikprodukten wird gerne Bienenwachs (und Honig) verwendet, zum Beispiel in Lippenbalsam. Das Wachs sorgt dafür, dass spröde rissige Lippen wieder heilen und schön weich sind.

Auf den nächsten Seiten zeige ich dir, wie du all das selber machen kannst. Was Hobie wohl denkt, wenn sie sieht, wozu wir ihr Wachs so alles verwenden?

MACHT MIT!

LIPPENBALSAM aus WACHS und HONIG

Im Winter ist es oft ganz schön kalt. Füße, Beine und Oberkörper schützen wir daher mit kuscheligwarmen Klamotten. Aber auch unsere Lippen mögen die Kälte gar nicht. Sie werden oft rissig und spröde. Über dieses selbstgemachte Lippenbalsam freuen sie sich garantiert!

DAS BRAUCHST DU

- 2 Teelöffel Bienenwachs
- eventuell eine Käsereibe
- ein leeres sauberes Marmeladenglas
- 2 Teelöffel Jojobaöl
- ein kleiner Topf
- 1 Teelöffel Honig
- ein kleines verschließbares Döschen zum Aufbewahren
- Zahnstocher

TIPP

Bienenwachs könnt ihr bei einem Imker, in einer Apotheke oder in einem Fachgeschäft für Imkereibedarf kaufen. Es wird in ganzen Blöcken oder in Pastillenform angeboten. Ich habe einen Block von meinem eigenen Bienenwachs verwendet.

Wenn du einen Wachsblock verwendest, raspelst du mit einer Käsereibe 2 Teelöffel von dem Wachs ab. Wenn du Pastillen nimmst, kannst du dir diesen Schritt sparen.

Gib das Wachs in das Marmeladenglas. Das Jojobaöl auch.

Herd, Wasser und Wachs sind sehr heiß! Lass dir bitte von einem Erwachsenen helfen.

Füllt etwas Wasser in einen kleinen Topf, bis er etwa halbvoll ist. Stellt den Topf auf den Herd und erhitzt das Wasser. Stellt dann das Marmeladenglas vorsichtig in den Topf. Das Wachs schmilzt nun und ist am Ende ganz flüssig. Passt auf, dass dabei kein Wasser in das Glas kommt.

Wenn das Wachs flüssig ist, gebt ihr den Honig dazu und rührt ihn gut unter. Fertig ist der perfekte Lippenbalsam!

Gießt die Masse in ein Döschen – darin könnt ihr den Lippenbalsam prima aufbewahren. Während die Masse abkühlt, rührt sie noch ein paarmal mit einem Zahnstocher um, damit alles schön gleichmäßig wird.

MACHT MIT!

Ein BIENENWACHSTUCH für deine Pausenbrote

Bienenwachstücher sind superpraktisch! Du kannst darin zum Beispiel ein Brot für unterwegs einwickeln oder den Schokopudding damit abdecken. Das ist viel umweltfreundlicher als Plastik oder Alufolie!

DAS BRAUCHST DU

- Baumwollstoff
- Zackenschere oder normale Schere
- Maßband
- dicke Handtücher zum Schutz beim Bügeln
- Backpapier
- 50 ml Jojobaöl
- Käsereibe
- 100 g echtes Bienenwachs
- Bügeleisen

TIPP

- *Ein Bienenwachstuch kann sehr viele Male verwendet werden. Nur, wenn es unangenehm riecht, schimmelig oder stark verschmutzt ist, muss ein neues her. Das alte Tuch könnt ihr auf den Kompost geben.*
- *Damit ihr das Tuch möglichst lange verwenden könnt, solltet ihr es nach jeder Verwendung mit kaltem Wasser und etwas neutraler Seife abspülen und dann gut trocknen lassen. Bewahrt die Tücher an einem trockenen und kühlen Ort auf.*
- *Bienenwachstücher können wie Alu- oder Frischhaltefolie benutzt werden. Die Lebensmittel bleiben darin wunderbar frisch. Man kann Lebensmittel darin sogar für kurze Zeit einfrieren.*
- *Die Lebensmittel sollten möglichst fest eingepackt werden, damit keine Luft herankommt. Das Tuch hält besonders gut, wenn man es nach dem Einwickeln mit den Händen etwas erwärmt. Dann schmiegt es sich schön an das Lebensmittel an und fällt nicht auseinander.*
- *Am besten macht ihr gleich mehrere Bienenwachstücher in verschiedenen Größen. Dann habt ihr immer das passende Tuch!*
- *Stark riechende Lebensmittel solltet ihr immer in ein eigenes Tuch wickeln, das ihr nur dafür verwendet. Sonst schmeckt das Brot womöglich nachher nach Zwiebeln ...*

SO GEHT'S!

Ein BIENENWACHSTUCH für deine Pausenbrote

Zuerst schneidest du den Stoff mit einer Schere in die gewünschte Größe. Mein Tuch ist 40 x 40 cm groß.

Leg dann die Handtücher dick auf dem Tisch aus, breite das Backpapier darauf aus und leg das Baumwolltuch darauf.

Damit das Tuch nicht steif wird, kommt etwas Jojobaöl darauf. Tropfe das Öl im Abstand von ca. 5 cm auf das Tuch.

Jetzt kommt das Wachs drauf. Reib es mit der Käsereibe auf das Tuch und verteil es gut. Das Tuch sollte gleichmäßig bis zum Rand hin mit Wachskrümeln bedeckt sein.

Lass das Bügeln bitte einen Erwachsenen machen!

Jetzt wird gebügelt! Dazu deckt ihr das Tuch mit Backpapier ab und bügelt dann so lange über das Backpapier, bis das Wachs überall geschmolzen ist.

Jetzt musst du nur noch das Backpapier abziehen und das Tuch durch Wedeln trocknen. Vielleicht wickelst du ja schon morgen das erste Pausenbrot darin ein?

MACHT MIT!

KERZEN aus BIENENWACHS selber gießen

Früher waren Kerzen aus Bienenwachs wertvoller als Honig. Wenn du überlegst, wie anstrengend die Produktion von Wachs für die Biene ist und wie viel Honig sie dabei verbraucht, kannst du das bestimmt gut verstehen. Kerzen aus echtem Bienenwachs sind etwas ganz besonderes. Sie duften einfach unwiderstehlich. Lass dir bei der Herstellung unbedingt von einem Erwachsenen helfen: Flüssiges Wachs ist nämlich sehr heiß und man kann sich wirklich schlimm daran verbrennen.

DAS BRAUCHST DU

- Docht
- Schere
- Kerzengießform aus Silikon
- Haushaltsgummis
- echtes Bienenwachs
- einen alten Topf

TIPP

Wachs, Silikonformen und Docht bekommt ihr im Imkerbedarf. Einen alten Topf, eine Schere und Haushaltsgummis habt ihr bestimmt zu Hause.

1. Zuerst schneidet ihr den Docht zurecht, er sollte 2–3 cm länger sein als die Silikonform hoch ist – er soll ja später oben aus der Kerze rausschauen. Die Form hat an der Seite einen Schlitz, der bis zum halben Boden reicht. Hier wird der Docht eingeklemmt. Dann wickelt ihr noch ein paar Gummis um die Form, um sie zu verschließen. Jetzt ist die Form einsatzbereit!

2. Nun gebt ihr das Wachs in einen Topf und lasst es auf dem Herd bei kleiner Temperatur schmelzen. Das Wachs darf dabei auf keinen Fall zu heiß werden, da es bei hoher Temperatur brennen kann – also gut aufpassen! Wenn das Wachs geschmolzen ist, füllt ihr es vorsichtig in die Form. Jetzt heißt es „Pusten“: Damit der Docht schön in der Kerzenmitte bleibt, haltet ihr ihn fest und pustet vorsichtig auf die Wachsoberfläche, bis sich eine Haut gebildet hat.

3. Es dauert nicht lange, bis ihr die Bienenwachskerzen aus der Form lösen könnt. Am Anfang sind sie noch ganz warm und hell, später werden sie ein wenig dunkler. Jetzt nur noch den überstehenden Docht auf der Unterseite abschneiden und den oberen Docht ggf. einkürzen. Fertig ist eure selbst gegossene Kerze aus Bienenwachs!

KLEINES Bienen-Quiz

BIENENRETTER-Diplom

Wenn du auf dieser Seite angekommen bist, hast du superviel über die Bienen gelernt. Ich hoffe, es hat dir viel Spaß gemacht! Mit diesem Quiz kannst du nun noch überprüfen, was du alles behalten hast. Mach dir nichts draus, wenn du nicht alle Fragen richtig beantworten kannst. Schau dir das entsprechende Thema dann einfach noch einmal genauer an. Los geht´s!

1 WIE HEIßEN DIE MÄNNLICHEN HONIGBIENEN?

- A DROHN ☐
- B RÜDE ☐
- C KEILER ☐

Richtig ist Antwort A! Die einzige Aufgabe des Drohns ist es, die Königin zu befruchten.

2 WIE SPRECHEN HONIGBIENEN MITEINANDER?

- A DURCH PFEIFEN ☐
- B DURCH TROMMELN ☐
- C DURCH TANZEN ☐

Hier ist Antwort C richtig! Durch Tanzen teilen Honigbienen den anderen Bienen eines Bienenschwarms mit, dass sie ein passendes neues Zuhause gefunden haben. Außerdem erzählen sie ihren Schwestern im Bienenstock damit, dass es in der Nähe eine Futterquelle gibt und in welcher Richtung sie sich befindet (Rundtanz und Schwänzeltanz).

3 WIE NENNT MAN DIE AUGEN VON BIENEN?

- A FACETTENAUGEN ☐
- B HÜHNERAUGEN ☐
- C GLASAUGEN ☐

Die Biene hat 2 Facettenaugen – richtig ist also Antwort A! Sie bestehen aus vielen Tausend sechseckigen Einzelaugen. Mit ihnen hat die Biene einen super Rundumblick. Außerdem hat die Biene noch 3 kleine Punktaugen. Mit ihnen kann sie hell und dunkel unterscheiden.

4 WIE VIELE ECKEN HAT EINE WABENZELLE?

- A 5 ECKEN ☐
- B 6 ECKEN ☐
- C 9 ECKEN ☐

Wabenzellen haben 6 Ecken – Antwort B ist also richtig!

5 WIE VIELE EIER LEGT DIE KÖNIGIN PRO TAG?

- A 1 EI ☐
- B 20 EIER ☐
- C 1.000–2.000 EIER ☐

Die Lösung ist: Antwort C! Nach dem Hochzeitsflug mit den Drohnen legt sie von Frühling bis Herbst jeden Tag 1.000–2.000 Eier.

6 WO LEGT DIE KÖNIGIN IHRE EIER AB?

- A SIE BUDDELT SIE EIN ☐
- B SIE LEGT SIE IN EIN NEST ☐
- C SIE LEGT SIE IN DIE ZELLEN EINER WABE ☐

Antwort C ist richtig! Die Königin legt die Eier in die Wabenzellen im Bienenstock.

7 WIE VIELE HONIGBIENEN LEBEN IN EINEM VOLK?

- A HÖCHSTENS 500 BIENEN ☐
- B 1.000–2.000 BIENEN ☐
- C BIS ZU 50.000 BIENEN ☐

In einem Bienenvolk leben bis zu 50.000 Bienen – Antwort C ist also richtig! 90 Prozent der Bienen sind Arbeiterinnen, der Rest sind Drohnen und die Königin!

8 WAS TRIFFT AUF ALLE BIENEN ZU?

- A SIE STELLEN HONIG HER ☐
- B SIE SIND VEGETARIER ☐
- C SIE LEBEN IM BIENENSTOCK ☐
- D SIE HABEN EINEN STACHEL ☐

Richtig ist Antwort B! Bienen essen nur Pollen, Nektar und Honigtau, kein Fleisch. Im Gegensatz zu Wildbienen stellen nur Honigbienen Honig her und nur sie leben im Bienenstock. Nur Bienen-Mädels haben einen Stachel, die Jungs nicht.

Wenn du bei allen Fragen deine Antwort angekreuzt hast, wird es noch mal spannend. Du musst nämlich noch das Lösungswort herausfinden! Das geht so: Schau dir Frage 1 an – welche Antwort hast du angekreuzt? Wenn es zum Beispiel Antwort B ist, dann schreibst du rechts beim Lösungswort den markierten Buchstaben E in das erste Kästchen. Bei Frage 2 hast du A angekreuzt? Dann käme der Buchstabe F ins zweite Kästchen. So füllst du der Reihe nach alle Kästchen aus. Am Ende kommt etwas heraus, was Hobie und Wilbie dir unbedingt noch sagen möchten!

Lösungswort:

1 ☐ 2 ☐ 3 ☐ 4 ☐ 5 ☐ 6 ☐ 7 ☐ 8 ☐ !

REGISTER

MITGEMACHT!

Die Autorin
Anja Klein liebt es, Geschichten zu erzählen. Auf ihrem beliebten Blog „Der kleine Horrorgarten“ teilt die passionierte Schrebergärtnerin und Autorin seit Jahren ihre Leidenschaft mit vielen begeisterten Followern. 2015 ist sie unter die Stadtimker gegangen und ist seitdem stolze Hüterin mehrerer Bienenvölker.

Der Fotograf
Andreas Lauermann hatte jahrelang eine Schwäche für Industriegebiete, Betonmauern und Häuserschluchten, konnte jedoch der Gartenbegeisterung seiner Frau Anja auf Dauer nicht widerstehen. Inzwischen ist er ebenso dem Gartenvirus verfallen und richtet seine Kamera am liebsten auf alles, was grünt, blüht und durch die Lüfte summt.

Die Illustratorin
Dass sie mit ganz viel Herz und Leidenschaft zeichnet, sieht man den liebevollen Illustrationen von Bille Weidenbach an. Die studierte Grafik- und Kommunikations-Designerin und zweifache Mutter arbeitet als freiberufliche Illustratorin und Grafikerin in Bad Neuenahr-Ahrweiler.

Die Grafikerin
Das liebevolle Layout und der Satz des Buches stammen von Sabine Vonderstein. Mit großer Leidenschaft und viel Herzblut gestaltet die Diplom Grafik-Designerin Bücher und Magazine. Die Bienen liegen ihr sehr am Herzen: Auf ihrem Stadtbalkon macht sie sie schon seit vielen Jahren mit Bienenpflanzen und Wasserstellen glücklich.

BILDNACHWEIS

FOTOS
Andreas Lauermann, außer:
stock.adobe.com: S. 8 o. (© constantincornel), 9 (© Vera Kuttelvaserova), 15 li. (© moquai86), 15 Mi. (© Serge), 15 re. (© brudertack69), 16/17 (© MARIMA), 25 o. li. (© Jana Lösch), 25 Mi. re. und 84 o. (© M. Schuppich), 25 u. (© Rolf Dräger), 26 o. re. (© haidamac), 26 u. re. (© blaustern fotografie), 27 o. li. (© monropic), 27 Mi. li. (© LianeM), 27 u. (© sebschneider), 29 u. (© urbanradim), 36 o. (© JAKLZDENEK), 36 u. (© Dirk), 37 o. li. (© Ruckszio), 37 o. re. (© franke 182), 37 u. li. (© creativenature.nl), 37 u. re. (© Michael Drak), 38 o. li. und 42 o. re. (© lichtpinzel), 41 (© JuergenL), 42 u. li. und 50 2. v. li. (© Eileen Kumpf), 43 o. Mi. (© Carola Vahldiek), 50/51, 52 und 124/125 (© S.H.exclusiv), 50 li. (© Ruckszio), 50 2. v. re. (© Michael Tieck), 50 re. (© Revilo Lessen), 51 li. (© JuergenL), 51 Mi. (© brudertack69), 51 re. (© Revilo Lessen), 52 (© MFOTO), 56 li. (© ViktoriiaNovokhatska), 56 re. (© Justin Venegas), 57 o. re. (© Nong Thamrongrat), 61 o. (Vera Kuttelvaserova), 66 re. (© apisitwilaijit29), 69 li. (© Bjoern), 69 re. (© mirkograul), 85 u. (© Franz), 88 o. li. (© Carola Vahldiek), 88 o. re. (© imageBROKER), 88 u. (© Julien), 89 o. li. (© dmytro_khlystun), 89 o. re. (© altmis), 89 u. li. (© Joost), 89 u. Mi. (© shark749), 89 u. re. (© murgvi), 113 o. li. (© Игор Чусь), 113 o. re. (© FotoHelin);
Carolin Engwert: S. 11 u.

ILLUSTRATIONEN
Bille Weidenbach, außer:
kleine schwarze Biene (© Ladychelyabinsk – stock.adobe.com); Ausmalbild S. 53 (Christoph Heuer);
Papierhintergründe (stock.adobe.com: © elovich, © binik, © nilapictures); Sprechblasen: S. 88/89
© Designed by starline / Freepik